フリッツ・ブーリ

実存の神学

岡田　聡［訳］

FRITZ BURI

THEOLOGIE DER EXISTENZ

YOBEL,Inc.

凡例

・聖書の引用は、原則的に新共同訳（日本聖書協会）による。略号も同書による。
訳注の独訳は、Einheitsübersetzung（Herder）による。
・註はすべて訳者による。括弧付きアラビア数字で示す。
・［　］内は訳者による補足である。
・〈　〉は語句の区切りの明確化のために訳者が付加したものである。
・vgl. は「参照せよ」を意味する。
・f. と ff. は「及び次頁」と「及び次頁以下」を意味する。

Fritz Buri
Theologie der Existenz
Paul Haupt Verlag
Bern, 1954

まえがき

本著の原稿は、以下のものの基礎になりました。それは、１９５３年10月の、コペンハーゲン大学、アムステルダム大学、ライデン大学での特別講義と、アムステルダムにおけるオランダ自由メノナイト教会牧師への講演、１９５４年1月3日から6日までの、ベルリンにおけるドイツ神学者会議上の発表です。

1年前に本版元で刊行された著作『現代におけるキリスト教信仰[1]』とそこで約束されたこの題材の包括的な取り扱いに目を向けますと、本著で公表されたことは、中間的な総括です。そのような暫定的な報告［をすること］は、私にはすでに、上記の著作においてプログラム的に主張した立場を議論し自ら拡張する間に、思い浮かびました。しかし、さらにその遂行の具体的なきっかけを私に与えたのは、上述の特別講義でした。これらの特別講義のために、私には、さらに歩まれるべき道を表すものとして、「実存の神学」という表題が生まれました。

それについてここで公表されたことにおいて明白になるものは、私が自らのこれまでの神学的な見解にいくつかの些末ではない変更をおこなったということを、認識させるに違いありません。私がこれまでに友人たちと主張した様々なものは、私には、もはや維持不能で遂行不能であることが明らかになりました。その代わり、私は、かつて拒絶しなければならないと思ったほかのものに対して、新たな把握と新たな理解を獲得しました。しかし、——私にはそのように思われるのですが——、私を徹底的であると同時に肯定的にさせるものは、かつて歩まれた道をさらに進むことにほかなりません。

こうした理由から、哲学と神学、左派と右派という、様々な側からの、様々な判断を、私は覚悟しております。例えば私の信仰概念や私の悪の問題の取り扱い方といった、一方の人たちがともにしようとしないであろうものに、他方の人たちは、それが少なくとも見込みあるように思われるであろう間は、同意さえするでしょう。（しかし、見込みあるように思われるのは、私のキリスト論が、彼らが改めて敢えて立とうとはしないような根拠を持つからにすぎません。）

私の「実存の神学」の、上述の機会に講演された部分に関連してなされた議論から、私はすでに、予想されうる拒絶的、同意的な批判について、イメージを抱くことができます。ほかならぬかのすでに耳にした活発な立場の表明こそ、私に、私の念頭にあるような教義学のこの新たな概説の出版を、必要であるように思わせました。

かくして、私はこの著作によって、なにより、本著の内容を抜粋ですでに知っている人たちと、私に肯定的、批判的な意見をもって、ここでは実際キリスト教の信仰の全体が問題であると証言した人たちに、ご挨拶いたします。しかし、私のこれまでの読者と聴衆に、私は、そのことによって、次のことを要求します。それは、彼らが今まで私と共有し、あるいは私に拒絶した立場を、再び考え抜き、共有することになろうと、あるいは拒絶することになろうと、新たに根拠づけることです。しかし、私が希望するのは、そのことが、彼らにとっても、得るものがあるであろうということであり、私が、自らが彼らとともに、相変わらず途上にあることを知ることが許されるということです。

フリッツ・ブーリ

バーゼル、1954年1月14日

（訳注）

（1） Fritz Buri: *Christlicher Glaube in dieser Zeit.* Bern (Paul Haupt) 1952.

実存の神学

目次

導入的概観

実存という概念は、こんにち、神学と哲学において、頻繁にまた多様に使用される。それゆえ、私たちがここで実存の神学を展開しようとするならば、同時に始めから、私たちがこの概念によって意図するものを述べることが、適切である。そのさい私たちには、実存の神学について語ることや、私たちの計画の全体についての導入的な概観を与えることへと、どのように私たちが至るのかを示す機会も、与えられる。

キルケゴール以来、また、こんにちの実存哲学の重要な形成物と一致して、私たちには、実存の本質として、以下の要素が重要である。

1. 実存は、私が自らにも他者にも科学的に、つまり普遍妥当的に証明することができないような自己存在を表す。この現実は、私には、自己自身の客観化されえない内的な気づき[1]においてだけ、開示される。この内的な気づきによって、私は初めて、私がそれであるところのものになる。

2. しかし、この自己の現実化において、実存は、決して自己自身と関係するだけではない。実存は、自らがそのことにおいて、——同様に対象化されえず、ただ信仰されうる、自己自身と存在一般の根源としての——超在(2)へと関係することを、経験する(3)。

3. 責任という自由において［自己が］自己に贈り与えられる《ジッヒゲシェンクトベコメン》こととしてのこの超在への関係を実存が自覚するのは、実存が自らに現れないこともありえ、自らの本来的な存在を逃し失うことがありうる可能性を背景にしてである(4)。

4. そのような自己理解から実存にとって開かれるのは、神話や哲学的な思弁、宗教的な教義を、実存についてや実存にとっての自己理解の表現として、新たに把握することである。

5. 最後に、実存には、次のことが属している。それは、自らの歴史性への信仰告白であり、つまり、——無制約的な、しかし自らにとってだけ妥当し、ゆえに一般化されえない仕方で——自己を現実化することがかならず有する制約性の引き受けである。しかし、そのことによって可能にされる、自己存在する実存の共同(5)において、時間の内で真理の永遠の国が現れる。

*

［以上で］示唆されただけで以下でより詳しく詳論され検討されなければならないこれらの規定か

らすでに明白になるに違いないのは、この実存概念が神学的にきわめて重要だということである。前記の本質的な特徴のいずれのものにも、神学の教義学のそれに対応する教説概念が容易に思い浮かぶ。

1．対象化されえない自己確証における実存の自己開示を、科学の認識方法に対して境界づけることは、形式的には、啓示信仰と知識の神学的な区別を考えさせる。

2．形式的にのみならず、内容的にも、自己自身と存在［一般］との根源としての超在への実存の関係は、〈神〉と〈世界への神の関係〉についての教説と合致する。

3．同様に明白であるのは、堕罪および恩寵についての神学的な教説と、頽落の可能性および自己の被贈性《ジッヒゲシェンクトベコメン》の、平行である。

4．この実存概念から生まれる神話理解の意義は、非神話化の問題、とりわけキリスト論についてのこんにちの議論に目を向けると、ことさら指摘されるまでもないであろう。

5．実存の歴史性と、時間の内での［永遠の］真理の国の現象としての共同における実存の現実化という、最後の点に関しても、時間と永遠の内での救済の現実化についての神学的な表象への対応が、明白である。

＊

しかしいまや、私たちにとって問題であるのは、自らの実存概念の様々な観点と、神学の体系性の個々の教説の諸点の、この一貫した関係の確認だけではない。実存というこの概念の本当の意義は、私たちが次の事実を意識するとき、初めて現れる。それは、なるほど、かの教義学の各論は、キリスト教の教説形成の伝承的な秩序図式であるが、しかし、歴史上と現在でのこの教説形成それ自体は、決して閉鎖的で統一的な形態ではないという事実である。現実には、事態は次のようにある。1．啓示、2．神とその創造、3．罪と恩寵、4．救済者の人格とわざ、5．教会と完成のような概念は、――ここでは最も対立的な見解が相対していることによって――、そのときどきに神学の体系性が最も明らかに現れた、ほかならぬその点を表す。

いくつかの指摘が、そのことを説明するであろう。

1．神学は啓示を引き合いに出す。しかしそのさい、一般的で理性にとってさえ把握可能な啓示が問題であるのか、あるいは、特殊的で信仰にとってだけ把握可能な啓示が問題であるのか。私たちは、自然神学や、正当な聖書釈義、神学の科学性をめぐる論争を知っている。

2．神学は、〈神〉と〈世界への神の関係〉についての言明をおこなう。そのさい、自然神学が問題であり、あるいは、啓示神学が問題であるのは、いったいどの点においてか。それに応じて、神の存在証明、神の人格性の問い、奇跡の問い、神義論に対して、様々な立場が表明される。

3．救済論においては、自己による救済と他者による救済の様々な見解が、互いに企てられる。罪は、些末なものにされるか、魔的なものにされるかし、恩寵は、なしでもすむものにされるか、意のままになるものにされるかする。

4．キリスト論においては、教義の神人、いわゆる史実的イエス、[6]終末論的キリストという、救済者の人格性とその救済のわざの様々な見解が相対している。かくも多様な見解におけるこの多彩な現象の意義は、どこにあるのか。

5．当然、救済論やキリスト論における様々な対立は、救済手段、教会、最後の事物[7]についての教説においても結果する。救済史の非神話化的な解消は、文化的な形態の絶対化と結びつき、救済史的な構築物は、呪術や神話系のように思われる。キリストによって歴史において現れた救済の様々な主張は、互いに互いの真理に異論を唱える。

＊

この状況においては、私たちにとっては、実存という冒頭で特徴づけられた概念が、いまや決定的な意義を獲得する。この概念は、キリスト教神学の概念系と、形式的・内容的に類比しているだけではない。キリスト教神学において、――私たちが今しがた思い出したように――、かくも問題含みな形姿をとって現れることがよくあるものは、実存概念の諸観点から、適切で維持可能な仕方で有効にさせられるように思われる。

1. 啓示については、一般的にも聖書に関しても、それが実存との連関において理解されるときだけ、正しく語られうる。
2. 実存にとっての神。この観点から、神と世界についての教説や、神の存在証明の可能性、神の人格性、世界における奇跡と災いの問題が、答えられうる。
3. 罪と罪責、赦しと新たな創造は、自己を恩寵として理解する実存にとって、リアリティあるものになる。
4. 実存のキリスト論においては、非神話化の問題も、肯定的な仕方で解消されうる。
5. 救済手段、教会、彼岸と終末の表象は、時間の内のキリスト教的実存の媒介形式、現実化の形式、表現形式として、自らの意義を持つようになる。

＊

こうした理由とこうした意味で、本書では、実存の神学について問題にしたい。実存の概念に含まれる形式的・内容的な観点を、伝承的な神学の概念系の究明のために、その概念系の真理的・現実的な内実へとこのように使用するという、ほかならぬそのことにおいて、この私たちの実存概念は、その維持可能性も明らかにされなければならないであろう。神学におけるこんにちの状況に直面し、しかし神学に対する実存哲学の距離をおく態度に目を向けもすると、この企ては、なおも実存の神学として妥当しうるのか、実存の哲学として表されるのではないのか。そのことについては、私たちがこの導入的な概観のあとでいまや取り組む第1章「啓示と実存」においてすぐに、語られるであろう。

(訳注)

（1）Innewerden、覚知。

（2）Transzendenz、超越者。

（3）「実存とは、自己自身と関わり、その関りにおいて自らの超在と関わるものである」(Karl Jaspers: *Philosophische Weltorientierung*. (*Philosophie*. Bd. I.) Berlin u.a. (Springer) 1932, S. 15)。

（4）「[自己が] 自己に現れないことと [自己が] 自己に贈り与えられること (Sichausbleiben und Sichgeschenkt-werden)」(Karl Jaspers: *Existenzerhellung*. (*Philosophie*. Bd. II.) Berlin u.a. (Springer) 1932, S. 42)。

（5）Gemeinschaft、交わり。この語は、使徒信条の意味で用いられている。それを踏まえたうえで、以下では、「共同」と訳出する。「私は聖霊を信じます。きよい公同の教会、聖徒の交わり (Gemeinschaft der

Heiligen)、罪のゆるし、からだのよみがえり、永遠のいのちを信じます」。

（6）historischer Jesus、史的イエス。

（7）「最後の事物（die letzten Dinge)」という表現は、カントの「万物の終わり „Das Ende aller Dinge"」という論文に由来（In: *Kant's gesammelte Schriften*. Bd. 8, Königlich Preußische Akademie der Wissenschaften (Hg.), Berlin (G. Reimer) 1912, S. 328-340)。のちに、アルトハウスが自らの著作のタイトルとした（Paul Althaus: *Die letzten Dinge*. Gütersloh (Gütersloher Verlagshaus Gerd Mohn) 1926)。

第1章　啓示と実存

古プロテスタンティズムの教義学者がよくしたのは、自らの体系を、啓示についてと聖書についての両つの教説で始めることである。第一に彼らは、一般的で自然的な、理性によっての神の認識と、信仰にだけ把握可能で超自然的な、聖書における神の啓示を、区別する。［前者の］理性的な神認識は、生得的なものと、自然や歴史にもとづいて獲得されるものに、区分される。この領域への啓示概念の適用を、人が通例、差し控えるのは、啓示概念を聖書における特殊啓示と聖書からくる救済作用のためにとっておくからである。次いで、［後者の］救済だけをなすこの啓示において、聖書の著者に霊感によって与えられたような直接的な啓示と、救済手段として使用される聖書によって聖霊の証し(1)のもとで私たちに生起しうるような間接的な啓示が、区別される。ここで教会の教職が聖書的啓示の規範として介入するカトリック神学に対して、古プロテスタンティズムの正統主義は、特別に詳細に、聖書についての教説や、聖書の霊感性の理論、聖書の正当な釈義の規則を展開した。

近代のプロテスタンティズムにおいては、これらの両つの冒頭の各論に、教義学のいわゆるプロレゴメナが取って代った。近代のプロテスタンティズムは、これらのプロレゴメナにおいて、認識論的に、また、宗教哲学的、宗教心理学的に、信仰論の科学性を証明しようとする。そのことがなされるのは、根本的には、次のいずれかのようにである。つまり、宗教的、キリスト教的な意識から、普遍妥当的な真理として、キリスト教の原理[2]が導き出され、次いで改めて、キリスト教の伝承の規範的な形成のためにこの原理が使用されるか、イエスの史実的な形姿についての特別な宗教的体験が科学的に正当化されうるものであることを明らかにすることが試みられるか、である。

教義学のこの新プロテスタンティズム的な基礎づけは、こんにち、新たな啓示神学によって、誤った自然神学であり、啓示への背信であるとして、拒絶される。しかし、当時特にこの新プロテスタンティズムへと導いたもの、つまり、近代の人間の、教義の束縛から解放された、自己と世界と歴史の理解が、依然として働いているので、この神学は、自らがこんにち改めて、自然神学の問題や、正当な聖書釈義の問い、神学と哲学と科学の関係の問いに直面するのを見る。

実存の神学にもとづいて、一般的な神認識と啓示信仰の関係や、解釈学と神学の科学性の関係という、これらのこんにち大いに究明される問題について、何が述べられうるのか。

第1節　理性と啓示

実存の概念にもとづいて見ると、理性的な神認識の可能性についての論争の原因は、そのつど使用される理性概念の不明瞭さにあるように思われる。なるほど、神学が啓示のために、理性の権限に、神認識においては、異論を唱えなければならないと思うならば、そのことはすでに自己矛盾している。というのは、神学はそのことを、やはり、理性という手段によってだけなすことができ、自らの議論をもって、非理性的な仕方でだとしても、理性的な存在者に問いかけるからである。もちろん、そのさい、神学は次のような理性概念を念頭に置く。それは、理性に対するこの闘いをある程度まで正当化するような理性概念であり、――なぜならば、理性についての見解がほかならぬ自然神学をめぐって存在するからである――、実際に啓示とは非常に制約的な仕方でだけ関係するような理性概念である。それは、普遍妥当的で科学的な証明という意味における理性の理解であり、つまり、私たちが実存の概念に関して、それは実存の概念によって意図される現実を把握することができないと述べた、かの対象的な認識である。それゆえ、実存にもとづいて見ると、いわゆる科学的な思考の名において啓示信仰に異論が唱えられるならば、そのことは許されない絶対化のようにも思われる。実存が少なくとも知っているのは、自らが、自らの超越的な根源へと、ほかならぬ科学的には把握されえない仕方で、関係することである。それゆえ、啓示信仰を科学的に根拠づけ正当化しようとすることとは、実存にもとづいて、誤っていると判断されなければならない。そのことは、実際に、啓示への背信へと至るほかないが、しかし、理性の誤解をも意味する。理性は、単なる合理的な概念性より以上のものである。理性は、実存をも包含し、それゆえ、実存の超在への関係に対して開放されている。しかしやはり、私たちがそのことを詳論する前にまず示されなければならないのは、どのように、対象的な合理的認識がすでに、自らの限界を守るときに、啓示について知ることができるのかということである。

つまり、実存に関して初めて、概念的な認識は、自らの権限の限界を経験するのではなく、自らの客観化可能な世界の領域においてすでに、自己自身を放棄することなくしては踏み越えることができない限界へと到達するのである。しかもこのように限定されていることは、同時に二つの面で示される。

一方で、科学的な認識にとっては、世界の全体的な洞察の可能性は存在しない。現実は、一つの観点のもとで一つの研究方法によって把握されうるようにはない。ある領域においてきわめて実り多いカテゴリーは、別の領域においてまったくふさわしくないことが明らかになり、――それにもかかわらず適用されると――、歪み、理解を失う。しかし、普遍的な方法、つまりすべてを包含する観点は、存在しない。いかなる科学者も、対象をより精密により適切に問うほど、それだけ成果もより明確でより適切であるということを知っている。なぜそもそも何かがあるのであって無があるのではないのかという、究極的で全体に関する問いは、その問いがまさに科学的な認識の可能性の限界を洞察されうるものにするのでなければ、科学的にはまったく価値がない。

しかし、さらに他方で、科学の完結不能性が明らかになる。概念的な思考が関係するのは、決して物自体ではなく、つねに現象だけである。私たちが関係するのは、つねにおのれの対象世界である。しかし、対象であることは、主観と関係することである。私たちは、欲するように向きを変えることができるが、主観－客観－分裂(3)から抜け出さない。なるほど、私たちは、観点を変え、様々な見方を並べることができる。しかし、私たちは、対象を完全に捉えうるためには、すでに対象それ自体と一つになっていなければならないであろう。しかし、私たちはそのことには、どこにおいても成功しない。ただし、私たちが実存として表すものは例外である。ほかならぬここにおいては、普遍妥当的な科学的認識様式が無効化する。

把握されうるものがもはやないところで把握しようとすることは、非理性的である。認識する理性には、認識の限界を認識し認知することも属している。知性《ラーツィオ》がそれをなし、自らの有限性を洞察し、それに甘んじるところでは、知性は理性《フェアヌンフト》によって導かれている。そこでは、いまや知性は、――この自らの限界まで突き進まなかったり、それを突き出ようとするときは――聴き取らないものをも、聴き取る《フェアネーメン》(4)。それは、世界ではないものの啓示の声、つまり超在の現実である。

しかし、悟性《フェアシュタント》は、この現実について言明をなすためのカテゴリーを持たない。というのは、いかなるそのような言明によっても、悟性は、自らに置かれた限界を踏み越え、そのことによって、悟性がこの声をそこでだけ聴く、ほかならぬその場所を、離れるであろうからである。しかし、もはや何も把握されえないところで黙想を続けることは、概念的な認識の事柄ではないので、概念的な認識は、無を見つめつつこの限界にとどまるということをせず、馴染《ツー・ハウゼ》んでいるおのれの世界に再び取り組む。もちろんいまでは、概念的な認識に、無限性へのこの眺望と、それとともに自らの有限性の暴露が、与えられる前ほどには、世界は、もはやそれほど自明なものではなく、絶対的に「馴染《ツー・ハウゼ》んでいるもの」ではない。

冒頭で粗描された、古プロテスタンティズムの正統主義における状況とはことなり、私たちは、そこにおいてよりもはるかにはっきりと、一般啓示について語りたい。それに対して、それにもとづく自然的な神認識の主張をまったく無視したい。私たちが主張した一般啓示という概念は、神についての何らかの言明をなすことを私たちになおさら許さない。ここでは、神の理念は構想されえず、自然や歴史から、第一原因や一人の創造者は、推論されえない。そのような思弁が理性にとって正統的であるためには、理性は、概念的な認識とは別の何かをさらに引き合いに出さなければならない。対象性の限界を越え出るそのような理性的思弁は、理性が実存にもとづくとき初めて可能である。(5) もちろん、理性にも実存が属している。かくして、理性はやはりなおも、概念的な認識の限界における無の啓示とは別の啓示について知っている。それは、信仰における実存にとっての神の啓示である。

第2節　実存にとっての啓示

ここでも、まずは、概念的・対象的な認識の限界の暴露が問題である。ここでは、しかし、認識は、世界へではなく、認識の固有の構造へでもなく、認識する者自身へと向けられる。さしあたりは、この認識する者も、つまり認識行為の主観も、彼が遂行する認識行為と同様に、客観化可能で科学的・普遍妥当的に認識可能な世界の一部である。この世界は、その現象においては、つまりこの私にとっての現実においても、それぞれ全体的なものや絶対的なものではなく、つねに有限的なものである。物理的なものと同様に、心理的なものも、一般的なカテゴリーへと把握されえ、客観的に認識されうる。もちろん、精神的・人格的なものの領域における理解《フェアシュテーエン》は、モノやコトの説明《エアクレーレン》とは別のカテゴリーをこの領域の外部で要求するだけではない。心理的・精神的なものが様々に解釈可能であることは、概念的な認識がここでは新たな限界に近づくということを示す。

認識する者自身に関する対象的な認識のこの限界は、三重の仕方で現れる。

第一に、私は私を、究極的には、傍観することができない。存在それ自体がいかなる対象化からも逃れるように、私も私自身を、つまり主観‐客観‐関係における主観を、客観にすることができない。なるほど、この状況を認識の一般的な規定として客観化することはなおも可能であるが、しかし、まさに認識の状況だけであって、具体的にこの状況のなかに立っている者や、超越論的な考察をおこなう者を、客観化することは可能ではない。見る目が自己を自ら見ることはできないということを思い出すならば、そのことは、自己を客観化することのこの不可能性のイメージにほかならない。私が私であるということ、今私において思考するのが私であって、別の何かではないということ、――現実的な遂行においては追証されうる伝記的な連関とは別の何かである人格の統一のこの秘密を、私は他者にも自らにも証明することができない。私は、この統一を遂行し、対象的なものとしては挫折する意識において自らに照明することが、できるだけである。

　そのことに第二にものが付け加わる。私が自らに客観的に自らの状況を説明することができるかぎり、私は自らが、――なるほど働いてもいるが、しかし同時に依存的で制約的であることを経験するような――無限な連関に巻き込まれていることを認識する。働きと依存の見通されえない機構へとそのように巻き込まれていることとは別の何かは、普遍妥当的には確認されえない。人は、自らの働きの能力を見落とさないとしても、やはり、自由について語ることができないであろう。責任を負うこと《フェアアントヴォルトリヒカイト》は、少なくとも、決して絶対的な確実さをもってしては、確認されえない。責任を負う《フェアアントヴォルトリヒ》ことを欲しない者は、つねに言い訳を見つける［ことができる］。

　しかし、いわゆる自然法則は単なる静的な規則性だというこんにちの見解によっても問いに付されていないような一般的な因果連関のこの承認をもって、いまや、私の人格性の本質的な核に属するようなほかならぬその現実が触れられる。私は自らが、規定的で依存的であるにもかかわらず、それどころか規定的で依存的であるからこそ、自らの態度とそれから出てくる働きに対して責任を負うことを知っている。私は、私が何であるのかをそのつど決断する。私が何であるのかは、なおもまさに、私がどのように自らを決断するのかに依存している。そのことも、一種の必然性であるが、しかし、私が自らを同時に自由として経験するような必然性である。私は、この責任を認めようとしなければ、自己自身を抹消するであろう。私は決断においてだけ実存する。しかし、実存のこの状況は、証明されえない。私はそれに、対象的なものとしては挫折する思考においてだけ内的に気づくことができる。私自身は、自らをそのことにおいて傍観しうることなしに、この自らの自由である。対象化されるならば、この自らの自由は、思い上がりのように見えるか、無へと崩れ落ちる。

しかし第三に、私は、この自らの責任を負うことと自由を、同時に逆説的な仕方で、贈り与えられたものとして自覚する。私は自らの存在を決断し、私は自己を現実化するが、やはり、そのことにおいて、自らが自己自身に贈り与えられたものであり、自己自身にもたらされたものであることを経験する。私はどのようにそのことがなされたのかを述べることができないであろう。この私自身になる《ツーミーアゼルバーコメン》ことが私の意のままにならないということを私が経験するのは、私が自らに現れないことがありうるということや、私がこの可能性を逃すことがありうるということ、実存のための空間を持たない世界に頽落すること[6]がありうるということによってである。この現れないことは、空虚や失敗として感じられる。なるほど、自己自身になる《ツージッヒゼルバーコメン》ことは、重荷として感じられるが、しかしやはり、実現として、恩寵として、感じられる。

そのことが、実存にとっての啓示である。そしてここで問題であるのは、私を単に、自らの対象的な認識の限界へと、自らの世界の有限性へと、直面させるような啓示ではない。この限界は、――私に、実存の照明のためにも、対象的・概念的な思考とは別のものが意のままにならないかぎり――、動かず残り続ける。(7) 実存にとっての啓示も、証明されえない。しかし、ここでは、対象的には把握されえないものが限界の内的な気づきと結びついた超在への関係の有限な極点をなすのみならず、私自身が実存として限界の内的な気づきにおいて超在へと関係することを経験しもするから、いまでは、この超在への関係は、否定的な性格を持つのみならず、肯定的な内実を獲得しもする。もちろん、この内実は、実存が対象的ではないので、概念的に十全には表現されえない。私が自己自身に、対象化されえない仕方で、責任と自由を有する自己存在として、――自ら創造したものではなく、贈り与えられたものとして――、内的に気づくように、ここから超在について生まれる言明は、信仰の言明である。というのは、まさにここに、私は信仰の本質を見いだすからである。信仰は、知識とはことなり、対象的にはもはや把握されえず、ただ限界への途上での、――私の自己存在とは超在へと関係するものだという――照明されうる内的な気づきである。ほかならぬこのやり方で照明されうる実存の超在についての意識として、信仰は、しかし、理性の事柄である。

ここから、実存を無視する思考にもとづくと空虚になる限界の踏み越えであるかの思弁は、正当化と内実を獲得する。実存にもとづいて、私たちは、実存にとっての超在についての言明を、なしうるのみならず、なさなければならない。実存はほかならぬ自らの自由が、自己自身の産物ではなく、創造されたものであり、創造者の被造物であることを知る。また、私は、実存として実存するのみならず、実存として同時に世界の一部でもある。この世界に私は解きがたく巻き込まれているが、しかし、この世界において私は私自身になる。それゆえ、信仰は、被造物としての実存について語るのみならず、信仰にとっては、同時に世界も創造物である。もちろん、実存は自らが世界と区別されることを知っている。そのことによって、実存は、超在の啓示を、創造者の啓示としてのみならず、——世界において実存として［自己が］自己に贈り与えられるという、自らの特別な可能性に目を向けると——、救済者としての創造者の啓示としても、経験する。

＊

後述するコンテクストにおいて詳論されなければならない、実存にとっての啓示のこれらの規定によって、いまや、それから私たちが出発した、古プロテスタンティズムの教義学の図式と比較すると、さらにほかの本質的な変化が生じた。私たちが理性に、それが単なる概念的な認識であるかぎり、神の認識を、——啓示一般ではないが——、拒絶するのに対し、いまでは、理性が信仰をも含むような実存の神学にとっては、理性にとっての啓示の領域は、神学においては普通、聖書にもとづく超自然的な啓示信仰のためにとってあるものへと広がる。しかし、そのことによって、実存の神学は「実存の」哲学になるのではないか。

そのことについて、もちろん、次のことが述べられなければならない。それは、創造者や救済者という概念が理性の領域には由来せず、私たちがそれらを聖書的・キリスト教的な伝承から受け継いだということを、私たちが意識している、ということである。私たちは、それゆえ、実存の神学と「実存の」哲学の関係についてのかの別の問いへと立ち入る前に、はじめに、聖書とそれを使用することの問題を特に考慮に入れたい。

第3節　伝承と実存

私たちは、問い始めるとき、そのことによって、決して発端に立っておらず、つねにすでに伝承のうちに立っている。哲学的にかや、神学的にかは、完全に無関係である。私たちは自らの思考において、形式的、内容的に、伝承によって形成されている。私たちが用いる概念や思考形式は、非常にわずかな部分だけが、私たちの創造物である。新しい概念や新しい思考様式が生じるところでも、それらは、以前から知られたものに関連して、説明され、遂行される。［形式的には］完全に新しい発端は存在しない。内容的にも存在しない。概念や思考構造とともに、私たちは、つねに、特定《ベシュティムト》の表象と内容も受け継ぐ。それどころか、私たちの非常に個人的な経験は、私たちがすでに心理的・精神的な所有物として受け継いだものによって規定《ベシュティムト》されている。私たちは後裔であり、新しいものを、自らに与えられたものの助けを借りてだけ、獲得する。深層心理学が示したのは、そのことが、意識の世界についてよりずっと強く、無意識のもっと広い領域について妥当する、ということである。

伝承によってこのように形成され付与されているということは、私たちの力の内にはない。私たちは、自らが伝承の流れのなかで現れる場所も時間も指定《ベシュティメン》しない。しかしやはり、私たちは自らの状況の偶然性のなすがままというわけでもない。同様に、逆のことも妥当する。つまり、伝承は私たちの手に委ねられている。無意識的なものが意識的なものに働きかけなければ、文書が保存されて再び発見されなければ、精神的な遺産が理解されなければ、これらの形態は、存在せず、死んでおり、言葉と働きを失ったも同然である。伝承は、理解されていることや、我が物にされていることを、欲している。しかし、解釈を遂行するのは、そのつど理解する者である。伝承が何であるのかは、理解する者が理解する仕方に依存している。伝承についての理解のこの力は、少なくとも、伝承の、理解に対する力と、同様に大きい。なるほど、私たちは、自らの存在の全体が伝承によって規定《ベシュティムト》されている。しかし同等の権利をもって、私たちにとってのあらゆる存在が解釈されていると述べることもできる。

もちろん、私たちがここでおこなったそのような考察は、理解の根源的な本質や理解の実際の遂行ではない。私たちがここで示唆したものも、なるほど、一つの理解ではあるが、しかし、理解の一つの理解、理解の一つの理論、解釈学への一つの手がかりである。しかし、解釈学は、解釈ではなく、理解の遂行の準備と解明である。具体的な遂行のさいには、理解は決して自己自身を反省しない。そうでなければ、理解は無際限になり、結論に至らない。私が理解するとき、私が理解したと思うものは、私にとっては、私がそれを理解したようにある。たしかに、そのさい、私は、それが私にとってだけそのようにあるということや、それがなおも別様にも理解されうるということを、意識している。そして、決して、私は、理解し尽くしたとは思わないであろう。いかなる理解によっても、私は新たな洞察を獲得する。理解されうるあらゆるものは、汲み尽くされえない。しかし、理解が単なる非拘束的な遊びではないときには、いかなる理解の根底においても無制約的な判断が関わっており、そのことによって、遊びはまさに終わる。理解する者は、〈それは私にはそのようにある〉とのみならず、〈それはそのようにある〉とも述べる。そして、理解する者は、それを、あたかも彼が別様にも理解することができるかのように恣意的に、述べるのではなく、彼にとっては——理解の遂行のさいに究極的で問いに付されえない権威をもって——妥当するものに導かれて、述べるのである。無制約的に妥当するものという前提がなければ、決して理解は可能ではない。理解がなされるのは、つねにある立場から、つまり、実存の立場からである。

もちろん、実存にもとづく理解のこの直接性も、その妥当性が、繰り返し問いに付されなければならない。そして、その直接性は、実際に、私が理解において他の実存の自己理解の表現や表出と関係する、ほかならぬそのところで、問いに付される。私に理解の客観において立ち現れるこの他者の自己理解を正当に評価するために、私は、自らの判断を停止しなければならず、自らの立場を発見の原理としてだけ使用しなければならない。そのことによって私はいまや本当に、自らの独自性を有する相手と関係するのであって、万事、自己自身や自らの解釈とだけ関係するのではない。そのことは、間接的で、――実存の直接性によって導びかれるが、それに吸収されえない――、史実的・批判的な説明や解釈の役割である。私の主観性のできうるかぎりの除去によって、ここでは、できうるかぎりの客観性が追及されなければならない。実存の歴史性についてではなく、私たちは、ここでは、史実的な研究について語る。ここにあるのは、やはり、史実的・文献的な科学が私たちに意のままにさせる観点や手段、方法のすべてが投入され、全面的に適用される場所である。このやり方で、私たちには、初めて、豊富な伝承の全体が開示される。

しかし、この史実的な探求が省かれ疎かにされてはならないように、理解は、その史実的な探求に甘んじることはできないし、甘んじることをしてはならない。史実的なもののこの間接性を、実存の歴史性の直接性は、通り抜けなければならず、史実の完結不能性を、受け入れなければならない。そのことによって、この完結不能性は、そのようにより高度な水準で――しかもいまや実存の歴史性として――、完成する。研究の史実性と実存の歴史性のかの相互的な貫通の程度に応じて、実存は、それぞれ新たに様々に我が物にしつつ、伝承から権威の声を聴き取る。実存が、権威の自己開示を、自己自身のより深められた自己開示として、経験することによって、権威は自由を有する実存に感銘を与える。そのことが、――特にいわゆる神学的な聖書釈義《エクセゲーゼ》においてとは違って、実存の歴史性を放棄し、超自然的に救済史を構成することをしないかぎり――、こんにち霊的、実存論的、神学的な聖書釈義《シュリフトアウスレーグング》として主張されるすべてのものにおいて、問題である。

逆に、実存の神学にとっては、直接的、間接的な啓示についてや、霊感を与えられた聖書正典についてと、聖霊の内的な証しについての、古プロテスタンティズムの聖書論の規定は、――もちろん超自然的な教義的制限をなくせばであるが――、理解一般についての言明としての意義を得る。

超在への関係の直接性を、実存のいかなる根源的な理解も、知っている。この直接性が預言者や使徒に制限されないので、それを説明するためのいかなる特別な霊感理論も必要ない。説明されうるものは、ここにはまったくない。というのは、実存が自らの超在への関係を自覚する伝承の権威は、普遍妥当的な理論の対象になりえないからである。神が語ることと聞くことについての神話的な言明は、超在へと関係する実存の自己理解の表現形式である。ところで、神が語ることと聞くことの直接性は、ほかならぬ聖書の著者たちにおいても示されるように、聞く者とその環境に依存している。超在の啓示は、決して抽象的ではなく、つねに具体的に歴史的である。啓示の真理を保証するのは、各自の、――一般的には証明されえないが、各自にとっては無制約的な――根源的な理解である。根源的な理解は、信仰においてなされる。

それに対して、間接的な理解が問題であるのは、実存が自らの超在とは関係せず、私たちが根源的に直接的な理解の伝承と関係するところにおいてである。自らの直接的な理解なしには、私たちはそれを把握しない。しかし、ここでは、いまや、他者の――自らの独自性を有する――実存の自己理解をあとから理解するために、史実的な理解が、自らの立場の保留と他者の［立場の］客観化によって始まる。このようにして、私たちにとって、聖書も、ほかのいかなる史実的な文書と同じく、科学的な探求の客観になる。聖書を含むそのような諸文書の科学的な説明と解釈は、私たちが間接的な啓示として表すものである。私たちには、このやり方で意味連関が開示され、そのことにおいて実存の自己理解の――私たちがそうでなければ知らなかったであろうような――諸可能性が開示される。

この間接的な理解にもとづいて、いまや、私たちが見たように、理解の新たな直接性から、次のことが生起する。それは、私には特定の史実的な対象性において真理が開示され、その真理が自由を有する私にとって権威になる、ということである。他者の真理から、証明されえない仕方で、私の真理が生じる。そのことを私たちは、聖霊の内的な証しにおいて聴き取られる、聖書における神の言葉についての、神学的な語り方と見なす。

この聖霊の証しが、聖書の文字と結びついているのか、それに依存しないでもなされうるのかについて、神学においてたびたび論争されたが、そのことは次のことと連関する。それは、真理が実存にとって生起するのは、決して恣意的などこかにおいてではなく、つねに歴史的な形式をもってそれぞれ固有の偶然的な伝承の連関においてであるということ、しかし同時に、この伝承は、決して原理的には完結せず、実存によって様々に我が物にされるということである。聖なる書であるいかなる正典とも同様に、聖書という正典も、究極的には、すでにこの連関に立っている実存に対する個々の文書の意義の経験に応じて、成立した。実存にとって語りかけるものになることによって正典はのちの時代に屹立し、正典を手がかりとしてなされた精神的な経験にもとづいて、そのつど信仰告白の定式も、どのように正典が特定の共同にとって効力を有するようになったのかの証しとして、形成される。しかし、ほかならぬ、そのことにおいて証言される、聖典を様々に我が物にすることは、正典が変わらず開かれてあることを指し示す。実存にとっては、基準になる伝承が、人工的には作り出さえないだけに、それは固定的には定義されえない。伝承と実存は相関している。

聖書理解を一般的な――もちろん聖書との私たちの関わりから生じた――解釈学へとこのように組み入れることによって、いまや、ますます切迫して、神学と哲学と科学の関係についての根本的な問いが立てられる。

第4節　神学、哲学、科学

　これまで詳論されてきたものによれば、私たちが次のように説明するとき、そのことは驚かすことはないであろう。それは、私たちの実存の神学と、同一の実存という概念にもとづくような哲学に、原理的な相違はない、ということである。実存の神学と実存の哲学は、それらの共通の出発点を、超在へと関係する本来的な自己存在としての実存の現実において持つ。この自己存在は、科学的に一般的に証明されえず、神話的・形而上学的に対象化されえず、この自己存在に、人は、信仰においてだけ、内的に気づくことができる。そのことが意味するのは、実存の神学と実存の哲学が、一方では科学的な認識への関係を持たず、他方では神話や哲学的な思弁への関係を持たない、ということではない。反対に、両者は、実存の特質を、存在の全体性と実存の自己性に関するほかならぬ科学的な認識の限界において、意識する。また、両者は、神話的な伝承と哲学的な思弁を、実存にもづいて、実存の自己理解の表現や、実存にとっての信仰のかけがえのない象徴として、理解する。科学と形而上学へのこの批判的・肯定的な関係に、実存の神学と実存の哲学の根本的で全体的に共通なものがある。実存哲学が、科学的な形而上学として閉鎖的な世界像において完成されうると思うようないかなる哲学とも対立しているように、実存の神学も、いかなる同類の哲学のみならず、それにもとづいてそれに対応する何かを企てるいかなる種類の神学も、無批判的な試みとして拒絶する。実存の神学にとっては、科学的な体系として完成されうる可能性はない。そのような宗教哲学的体系を、実存の神学は、実存哲学による批判と結びついて、有限な対象の無批判的な絶対化や実存の本来的な信仰内実の消去と見なす。実存の神学は、全体としては科学ではなく、ほかならぬその本質的な言明においては科学的には把握されえない信仰の事柄である。

信仰のこの領域の厳格な保持のもとでだけ、実存の神学は科学でもある。しかし、その言明において、科学的な認識の妥当性の領域が問題であるかぎり、実存の神学は、ほかならぬ科学であることができ、ほかならぬ科学であることを欲する。そのことは、二つの方向でそうである。一方で、実存の神学が科学であるのは、それが、その言明において、自然と歴史の何らかの探求可能な対象と関係するかぎりである。実存の神学は、実存が問題であるところでは、科学をその限界へと向かわせるように、科学の正統な領域と関係するところでは、その可能なかぎりの客観的な把握のために実存の主観性の影響をあらゆる手段をもって排除しようとする。実存が問題であるところでは絶対に必要なものが、科学の正統な領域と関係するところでは不適格である。実存にとっての客観性が存在しないように、実存は、科学においては、単なる主観性である。他方で、しかし、実存の神学は、次のことを意識している。それは、実存の神学にも、超在への関係の照明のために、科学的・対象的な思考以外の何ものも、意のままにならない、ということである。そのことは、対象的な思考以外の何ものも存在しないという単純な理由による。形式的には、実存の神学は、その本来的な領域——超在へと関係する実存についての言明——が問題であるところでも、科学的・対象的な思考であり続ける。実存の神学が、しかし、科学から区別されるのは、究極的には対象化されえない内実によってである。

対象的な思考の、形式的には普遍的で、内容的には特殊的な、この適用のために、神学は、自らが科学であるという主張を掲げる。神学が科学的であるのは、神学が普遍的に使用する科学的・対象的な思考の内容的な特殊性を承認するという、ほかならぬそのことによってである。

しかしいまや、実存の本質のためにだけ制約されたこの科学性によって、実存の神学は次のような神学からも区別される。それは、超在が実存にとってだけあるという事態を顧慮することなしに、神話系や形而上学的な思弁を対象的な真理として理解し、神についての言明をなすことができると思うような神学である。私たちは、この種の神話的な神学が、いくつかの思弁的な形式とならんで、神学の主要な現象形式であるということを、意識している。また、私たちは、歴史における実存の自己理解の表現形式としての神話の伝承にとっての、この神話的な神学の意義について、説明もする。実存の神学と実存の哲学は、これらの神話系の存在とそれらに含まれる実存の自己理解がなければ、貧しいであろう。実存の神学と実存の哲学は、それら自身の現実化のために、この神話的な伝承に依存している。しかし、自己自身へと呼び覚まされるために、それら自身の自己理解の神話的な表現形式の源泉として、神話的な神学へとこのように依存していることの承認は、実存の神学と実存の哲学が、このような神学からそれらにとっては疎遠な何かとして距離をおくことや、このような神学へとそれらの伝承を様々に我が物にすることにおいてだけ肯定的に関係することを、妨げない。神話的な対象性や思弁的・形而上学的な対象性は、実存の神学と実存の哲学にとっては直接的には受け入れられえず、それらにとっては実存にとってだけ語りかけるものになる。実存の神学と実存の哲学は、神話系と思弁のこうした理解の可能性とこうした肯定的な使用を持つことによって単なる科学としての神学と哲学から区別される。

もちろんここでは、次のような問いも思い浮かぶ。それは、実存の神学と実存の哲学のこの共通性に直面して、そもそもなお、なにゆえこの両者が区別されうるのか、区別されうるなら、どのように区別されうるのか、という問いである。実存の神学にとって神話系のように思われる神学からは、実存の神学は、哲学であり、それとともに神学の放棄であると、判断されなければならない。それに対しては、次のことだけが述べられうる。科学的な思考の自己の限界づけと実存の本質こそが、実存にはこんにち神学がなおそこでだけ可能であるように思われる道をとることを、実存にさせたものである。

しかしいまや、実存哲学から、私たちの実存の神学がもはや神学ではなく哲学であるという、同じ異議を唱えられるならば、それに対しては、――実存哲学が自己自身の伝承に対してなすことを神学が自らの領域でなすということを、実存哲学は最終的には神学に禁じるべきであったと――、答えなければならない。実存哲学は、神学を決して自らにとって疎遠なものや跡付けられえないものとして拒絶する必要がないようにだけ、神学を承認しようとするか、伝統的にそれほどたやすく通暁しているとは感じられないような領域でも、実存にもとづいて伝承を様々に我が物にすることが、自らもともに関与していることを認識しうるようになされるということを、はるかに前に喜ぶべきではなかったかの、いずれかである。実存の哲学が、はるかに広いが——まさにそれゆえにつねに具体的な歴史性の喪失の危機にもある——一般的な精神史の領域において、遂行しようとするものを、実存の神学は教会における自らの課題と見なしたい。ほかならぬ実存の歴史性のために、実存の神学は、この自らの歴史的な場所を軽視したり、それどころか放棄したりするような理由を持たない。反対に、この自らの歴史性と伝承に依存しつつ、実存の神学は、教会を、一般的な精神的状況と比べるとはるかに困難であるが——それだけ見込みある——自らが召命されている場所と見なす。自らの特殊な神学的伝承の土台にこのように自覚的に立脚することに関して、実存の神学は、やはり、自らが実存の神学であって実存の哲学ではないという主張を掲げる。実存の神学が実存の哲学ではないのは[8]、神学的な伝承という、自らにとって交換不能な根拠にもとづいてである。

この自らの、自ら選んだわけではない歴史性のために、私たちは以下では、実存の神学を、やはり、キリスト教の教義学の主要な教説の究明という形で、展開する。しかし、そのことにおいては、本章の冒頭を参照すると、次のことが示される。それは、実存の神学においては、決していわゆる自然神学の新たな変種へと神学は解消されず、実存の神学においては、もちろん理性なしでは可能ではないような啓示の神学が問題である、ということである。

第一の教説は、——そこでそのことをいまや内容的に明白にしようとするが——、創造物へと関係する神についての教説である。

（訳注）

（1）「この霊こそは、わたしたちが神の子供であることを、わたしたちの霊と一緒になって証ししてくださいます」（ロマ８：16）。

（2）「キリスト教の原理の定義」は、「あらゆる自然主義的、反人格主義的な神理解に対して、人格性の宗教への決定的、原理的な転回［である］」（Ernst Troeltsch: *Glaubenslehre. Nach Heidelberger Vorlesungen aus den Jahren 1911 und 1912*, Gertrud von le Fort (Hg.), München / Leipzig (Duncker & Humblot) 1925, S. 71）。Vgl. Frank Surall: „Relativer Subjektivismus. Das »christliche Prinzip« in der Glaubenslehre Ernst Troeltschs“ In: *Zeitschrift für Theologie und Kirche*. Bd. 107, Tübingen (Mohr Siebeck) 2010, S. 100-122.

（3）ヤスパースの術語。次を参照。ヴェルナー・シュスラー『ヤスパース入門』岡田聡訳、月曜社、２０１５年、93頁、訳註1。

（4）「理性とは……聴き取ることである」（Karl Jaspers: *Von der Wahrheit*. München / Zürich (Piper) 1947, S. 120）。

（5）「実存は理性によってだけ自らに明るくなり、理性は実存によってだけ内実を持つ」（Karl Jaspers:

Vernunft und Existenz. Groningen (J.B. Wolters) 1935, S. 41)。

（6）an die Welt verfallen、世界のとりこになること。verfallen、のとりこになること。

（7）Erhellung、開明。

（8）原文と英訳では、「実存の神学が実存の哲学であるのは」であるが、文脈を踏まえて、「実存の神学が実存の哲学ではないのは」と訳した。

第2章　実存にとっての神

創造者としての神について、神学は、通例は、とりわけ、創造、神、摂理という、三つの教説において扱う。神と摂理についての教説を、人はよく、それぞれ三つの特別な観点のもとで展開する。つまり、神については、存在、本質、性質に関する教説として、摂理や計いについては、保持し、関与し、統治する振る舞い（conservatio、concursus、gubernatio）に関する教説として、である。

同時に神の性質についての教説と結びつけられる三位一体論を、私たちは、――近代の教義学において時々なされたのとは違って、結論で初めて体系の全体の総括として取り扱うのではなく――、キリスト論と連関して初めて立ち入って論じるであろう。神の永遠の決定と予定についての教説も、私たちは、――古宗教改革的な体系においては、創造についての教説に先行するが――、救いについての問いのもとで初めて取り扱うであろう。それに対して、私たちが伝統に従うのは、やはり創造に属してもいる人間についての教説を、救済論と連関して初めて、つまりその前提として、私たちが叙述するときである。伝統的な教義学においては救済論に場を持つ天的存在についての教説にも、私たちは、キリスト論において初めて取り組む。

私たちが本章で顧慮しなければならない題材全体の問題状況は、古プロテスタンティズムの教義学においては、自然神学と啓示神学の対立によって本質的に規定されている。そのことは、私たちが前章でこれらの諸体系の認識的な基礎を指摘したあとでは、私たちを驚かさないであろう。二つの認識様式と認識源泉の区別は、ここでいまや、次の結果を生む。それは、〈神〉と〈世界への神の関係〉についてのある言明が理性の事柄として妥当し、別の言明が啓示への信仰によってだけ把握されうるものとして妥当する、ということである。かくして、例えば神の存在や、部分的にはその本質とその保持する振る舞いも、自然神学の対象と見なされる。しかし、聖書啓示にもとづく教説にも、自然神学の影響は、確認されうる。例えば、思弁的な絶対性の概念からの神の性質の演繹においてや、関与についての教説の部分的には決定論的な考察において、神義論の問題の様々な解決の試みにおいて、である。

近代のプロテスタンティズムにおいては、教義学のこの部分の全体は、科学的な形而上学になったか、あるいはのちには、いわゆる信仰論[1]になった。新プロテスタンティズムの神論の形成物の両種は、こんにちでは、啓示神学によって、自然神学だとして拒絶される。自然神学のいかなる痕跡も消し去るために、啓示神学においては、神論がすでに、キリスト論的に構想される。しかし、そのことから、この神学には再び、新たな問題が生じる。それはなによりも悪の実在性とキリストの救済のわざの必要性とについての問いである。

実存の神学にとっても、神論が可能であるのは、実存を無視するような世界とその創造についての科学という形においてではなく、実存にとっての啓示にもとづいてだけである。かのいわゆるキリスト論的神学とはことなり、実存の神学にとっては、ほかならぬ理性自身が、神の存在証明の不可能性に内的に気づくのであり、ほかならぬ理性自身が、実存の超在への関係を照明するのである。キリストにおける神の啓示に、ここではなにより、実存にとっての神の啓示が、取って代わる。そのことが意味することを、私たちは以下では、神の存在証明、神の人格性、奇跡の問い、神義論の問題という、四つの問題を手がかりにして、描き出したい。このやり方で私たちは、――神の存在、神の本質と性質、創造、摂理についての、古プロテスタンティズムの教義学の各論に対応して――、実存の神学の神論を獲得する。

第1節　神の存在証明の不可能性としての「神の存在証明」

神の存在という観点では、教義学において、伝統的には、いわゆる神の存在証明が究明される。カント前の神学は、部分的にははやくも古代の哲学から伝承され、のちにはなにより中世のスコラ学において形成された、この推論の方法を、神の存在証明と見なすことができると信じる。カント後、普通になったのは、主に自然理性の四つのそのような神の存在証明について語ることである。それは、存在論的、宇宙論的、自然神学的《フィジオ・テオローギッシュ》（２）あるいは目的論的、道徳的な、神の存在証明である。存在論的な神の存在証明は、最も完全な存在者としての神という概念から神の実在性を推論し、宇宙論的な神の存在証明は、制約的なものからその原因としての無制約的なものを推論し、自然神学的《フィジオ・テオローギッシュ》な神の存在証明は、世界の法則的・目的的な状態からその創始者を推論し、道徳的な神の存在証明は、道徳的な意識から人倫的な世界秩序の保証者としての神を推論する。

　しかしいまや、まさにカントが、『純粋理性批判』において、これらの神の存在証明の最初の三つに、破壊的な批判をおこなった。そして、カントが第四の、道徳的な神の存在証明を固守したかぎり、これは、カントにとっては、純粋な理論理性の事柄ではなく、実践理性の、――つまり、対象的にはもはや証明されえないが、人格性の全体を要求する、実践理性の人倫的な規範意識の――、事柄である。実際に、対象的な思考の成果としての神の存在証明は、維持可能ではない。神は、思考から導き出されえず、世界から証明されえない。［神の］存在は、存在論的な神の存在証明がしようとするのとは違って、最も完全な存在者としての神という概念から演繹されうるような性質ではない。それによって宇宙論的な神の存在証明が議論するような因果性というカテゴリーによっては、私たちは、存在それ自体へは到達せず、必然的に、自らの有限な対象性の世界にはまり込んでいる。自然神学的《フィジオ・テオローギッシュ》な神の存在証明は、それに加えてさらに、次の誤りを犯す。それは、その証明が、世界が意味に満ちていることについて、――そのことにもとづいて、その証明は、この奇跡的作品の制作者としての神について語るが――、その調和や完全性を破壊するあらゆるものを無視するという誤りである。しかし、いわゆる道徳的な神の存在証明も、その価値判断が存在判断の意味で使用されるならば、錯覚的な要求の要請へと至る。

合理的な形而上学へのこの批判を受けて、近代のプロテスタンティズムの神学は、それがそもそもなおも神の存在証明について語るかぎり、いわゆる宗教的な価値認識へと引きこもったか、――そのことによって、近代のプロテスタンティズムの神学は、しかし直ちに、フォイエルバッハに出会う――、あるいは、近代のプロテスタンティズムの神学は、宇宙論的な神の存在証明を、もはや論証的な思考の論理的な推論の意味においてではなく、なぜそもそも何かがあるのであって、無があるのではないのかという、対象的な思考にとっては回答されえない問いによって表現されるような、「何かが」現に存在することの完全な非自明性への驚きの表現として、理解するかである。しかしながら、「何かが」現に存在することの偶然性の、ほかならぬこの驚かせる内的な気づきは、超在の存在証明ではない。対象的な思考は、ここでは、自らの限界へと至る。この限界では、対象的な認識には、その対象世界の究明不能性が意識される。この限界の彼岸について、いかなる言明をなすとしても、それは、この限界を否定するか、言明がなされるものを対象的な思考の有限な対象性の領域へと引き込むかするであろう。それゆえ、ほかならぬここでも、神の存在証明については、語ることができず、対象的な思考には把握不能なものに直面しての対象的な思考の挫折についてだけ、語ることができる。

しかしいまや、この把握不能なものを、私たちは、対象的な思考がそれに直面して挫折するという、その仕方においてだけ知るのではなおさらなく、また、いわゆる神の存在証明にもとづいて初めて知るのではましてやない。ここで問題であるものは、私たちには、全く別の明確さをもって、あらゆるそのような企てに先立って、自らの超在への関係についての実存の意識において、現前的である。自らが自由として贈り与えられたものであることを経験することによって、実存は、この自らの本質と一つのこととして、それとは根本的にことなるとともに区別されえない自らの根源の現実について、経験する。そして、実存が自らを、世界から際立たせられているにもかかわらず、同時に世界の一部として経験することによって、実存にとっては、自らの創造者は、同時に世界の創造者である。それについて実存は、証明をなしえない仕方で、信仰の直接性において知る。

そして、そのことは、意識的にせよ無意識的にせよ、神の存在証明において前提されるものである。神の存在証明は、やはり、新たなものやそれまではいまだ知られていないものを発見するという目的のために、企てられるのではない。人は、すでに知っていると信じるものを、自らに対して照明し、他者に対して伝達されうるものにしようとする。そのことについては、――そのことが単に信仰の表出、つまり思考の運動であるならば――、まったく問題ない。思考の運動においては、実存は、固有的でありまったく多様的である自らの超在への関係を意識する。自明であるのは、そのことがなされうるのは、概念的・対象的な認識という手段によってだけであり、――というのは、私たちは認識の別の可能性を持たないからである――、また、経験的・概念的な世界という対象を手がかりにしてだけである、――なぜならば、私たちにとっては別の対象世界は存在しないからである――、ということである。このやり方で、実存は、個々の神の存在証明の様々な出発点から、また、個々の神の存在証明の様々な思考の道程にもとづいて、自らに対して自らの超在への関係を概念的・対象的に照明する。

　そのような出発点と思考の道程は、それぞれ特別な有様をしている。つまり、有限な現に存在するものの不完全性の経験と、完全な存在には［それが］現に存在することも付属すべきであろうという推論（存在論的な神の存在証明）、［何かが］現に存在することの偶然性の経験と、無制約的なものについての問い（宇宙論的な神の存在証明）、世界における合法則性や合目的性の確認と、それに対応する全能で全知な創始者（自然神学的《フィジオ・テオローギッシュ》な神の存在証明）、そして、倫理的な規範についての知識と、それの維持と遂行を可能にする保証者の要請（道徳的な神の存在証明）、である。対象的な思考にとってはこの認識目標が到達不能であるという、ほかならぬそのことによって、実存は、自らの証明不能な信仰を意識する。完全な存在者の存在、無制約的なもの、全能で全知な創始者、人倫的な世界秩序の保証者という、概念的・対象的な思考にとっては到達不能な諸概念において、実存は、今、自らの不完全性、偶然性、目的の被規定性、倫理的な義務の、超越的な深みを表す象徴を、認識する。証明の方法の失敗によって、かの経験的・概念的に把握されうる様々な現実が、超在に対して透明になる。神の存在証明の不可能性は、自らを概念的・対象的な思考によって照明する実存にとって、神の「存在証明」になる。理性が実存にもとづく概念的・対象的な思考であり、理性の様々な理念が実存にとってだけ妥当することによって、人はここでは、神の理性的な存在証明についてさえ語ることができる。

そのことによって、根本的には、次の道程が考慮に入れられている。それは、実存が伝承的な神の存在証明を我が物にすることができ、神の存在への自らの信仰を自ら確証することができ、この信仰を他者に理解されうるものにすることができる道程である。それに対して、実存の神学は、神の存在証明の不可能性とは別の何かであるべきであろういかなる神の存在証明も、拒絶するほかない。というのは、不信仰だけが、神の存在証明の不可能性とは別の仕方で、神の存在証明をなそうとするからである。神の存在証明の歴史においては、そのときどきに、信仰と同様に不信仰が働いていた。

以上では、神の存在だけを問題にした。しかしいまや、神の本質と性質についての言明の可能性は、どのようであるのか。

第２節　祈る者にとっての人格性としての神の本質

私たちは、すでに神の存在に関して、一般的に証明されうる仕方では語ることができず、実存の信仰の概念的・対象的な照明においてだけ語ることができたので、――いまや、神の本質と性質についての言明をなすことが問題であるとき――、さらにますます決定的に、この信仰の基礎を強調しなければならない。なるほど、古プロテスタンティズムの神学も、この教説のために、――神の存在についての教説とはことなり――、信仰にとってだけ把握されうる聖書における啓示を引き合いに出す。しかしそれにもかかわらず、古プロテスタンティズムの神学も、形式的にも内容的にも、なおも自然神学を容認し、その結果、古プロテスタンティズムの神学の詳論は、ほかならぬこの点で、不統一性と分裂性を呼び覚ます。それに対して、実存の神学にとっては、次のことが妥当する。それは、神が、その存在においてと同様に、その本質と性質についても、信仰する実存にとってだけ認識されうる、ということである。そのことから実存の神学にとって明らかになるのは、［神の］本質と性質についての、いわゆる聖書神学の教説との、しかしさらに次のような思弁神学との、一方では共通点と他方では対立点である。その思弁神学とは、神概念の純粋性のために、神の本質と性質についての言明をなさないことを最もよしとするか、それが絶対者という概念から導き出す、ほかならぬそれらの規定を、同時に、神それ自体の本質についての言明と見なすかする。

実存の神学にとっては、神の本質と性質についての教説は、単に、神についての――超自然的な啓示としての――聖書の言明の体系化でもなく、絶対精神の本質の――科学的な形而上学の形での――展開でもない。自らの自己理解にもとづいて、実存は、あらゆるそのような言明の歴史性を知っている。いわゆる聖書の体系化と、哲学的な精神の思弁の、相違性と対立性は、そのことを十分に裏書きする。神の肯定的な啓示は、実存にとってだけ存在するので、実存の神学は、神の本質と性質についての言明において、それらの歴史性に甘んじる。しかしいまや、そのような言明の相対性への洞察にもかかわらず、実存の神学は、それらをそもそも断念しなければならないとも思わない。実存へと関係することにおいて、聖書的・キリスト教的な神論や、哲学的な神論の定式は、この点でもむしろ、実存にとっては、具体的な仕方で、そして、あらゆる方向で、実存の超在への関係を自覚する可能性になる。神の本質と性質についての規定は、実存の神学にとっては、自らが超在へと関係することを知る具体的な形成物である。実存の神学は、そのことにおいて、自らが置かれている伝承によって規定されているように、実存の神学は、自らの信仰からも、この伝承を解釈する。

神の本質と性質についてのそのような教説の、この枠組みでは粗描的にだけ可能な詳論の代わりに、私たちがここで少なくとも明白にしたいのは、本質的でもあり論争的でもある概念に関して、――つまり神の人格性という概念に関して――、この根本的な確認によって具体的に何が意図されているのかである。私たちがこの一つの例に甘んじることが許されるのは、ほかのコンテクストにあることで問いに付されている神の別の性質が、上で挙げた仕方で妥当するからでもある。

容易に分かるが、聖書にとって神は、神話的な伝承にとってまったく自明であるように、人格的なものである。聖書においては、その冒頭で言われているように人間が神の像に似せて創造されたのみならず、神の像も一貫して人間的な性格を持っている。聖書において神は、――完全に人間のように――、語り、聞き、感じ、統べ、怒り、愛し、罰し、憐み、そして、それに対応する器官と四肢によっても表象される。神は、一つの人格的な存在者であり、非人格的な力や、抽象的な精神ではない。そのことが最も明白に示されるのは、人が神へと祈ることができるということにおいてである。神によって聞き届けられ理解され、神から答えを授かるという確信を持って、神と語ることとしての祈りは、人間が永遠性に直面しても自己自身とだけ関係するような哲学的な沈思や、人が力やその化身を意のままにすることができると信じるような呪術とは、別の何かである。同時に人間ではないような人格へとだけ、つまり人格的な神へとだけ、人は祈ることができる。

しかしいまや、人格的な神へと祈ることは可能であるのか、という問いが立てられる。そのことにおいては、やはり単に、人間的な鏡像や呪術的な実践が問題であるのではないのか。人格性という概念は、人が神学においては無視すべきであったような許されざる人間化であるのではないか。そのような議論に対して、ほかの人たちは、〈人格的な神という概念は人間の倫理的・宗教的な人格性のために必要である〉と主張し、それどころか、〈人間は自らが神によって呼びかけられることを知ることによって初めて人格になる〉と主張する。

そのような考察は、個々の点ではどれほど根拠を持っているとしても、祈る者にとっての人格的な神の現実を正当に評価しない。祈りという行為は、自らの歴史性を有する実存の、直接的に遂行された超在への関係である。そのようなものとしては、祈りという行為は客観化されえない。祈る者が、自らの祈りについてや、人格的な相手の実在性について、神と自らの間の関係の現実的な存続の実在性について、熟考する瞬間、祈る者は、すでにもはや祈っておらず、祈りについて反省している。しかし、概念的な認識の対象としては、祈りは、それが具体的、現実的な遂行においてあるものとは、別の何かになっている。ここでは、人は、――実存の自己の現実化は証明されえず、実存は、自己の現実化というこの行為、つまり信仰においてだけ、現実的である、ということのほかには――、証明されうるものが存在しないところで、証明しようとする。それゆえ、概念的・対象的なものの領域においてなされる、人格的な神に賛成し、あるいは反対するあらゆるかの究明は、実存にとっての神の現実の傍らを通り過ぎるほかない。そのことにおいては、実存の神への関係の単なる対象化が問題である一方で、祈りにおいては、完全に対象化不能なこの実存の神への関係が遂行される。祈る者にとって神は、――証明をなしえないが、証明を必要ともしない仕方で――、人格である。

だからといって、神の人格性のかの概念的・対象的な究明が、不適当であったり、不必要であったりするわけではない。逆である。反省が祈りに先行したのかどうかや、いかなる反省が祈りに先行したのかに応じて、祈りが別様になるように、また、祈りの内容が、［祈りの］あとで、対象的な表象において、概念的な思考によって検討されなければならないように、概念的・対象的な思考も、つねに、神の人格性という実存にとってだけ現実的な秘密のまわりを回る。祈りから偶像を生じさせたくないならば、そのような批判的検討は絶対に必要である。そのことは、そのような批判的検討が抽象的な理念にとどまらないためには、他方では信仰が必要であるのと、まったく同様である。思考によって照明される実存にとってだけ、神の人格性という理念は、実存の超在への関係の正統な表現である。実存は、このやり方で自らの超在の人格的な性格が自らに照明される程度に応じて、自己を現実化する。

しかしそのことは、――祈る者にとっての人格性という、ここで挙げられた例が、導き手として用いられるとしても――、神の本質と性質についてのあらゆる別の言明についても妥当する。しかしいまや、この教説をこの意味でさらに拡張する代わりに、私たちは、神の創造にかかわる次のものに取り組む。

第3節　奇跡としての創造

古プロテスタンティズムの教義学は、創造《シェプフング》という概念によって、過去の一回的で閉鎖的な生起のみならず、創造者の――創造物《シェプフング》と関係する――永続的な働きを意図する。そのことが示すように、古プロテスタンティズムの教義学は、摂理についての教説において、連続的創造《クレアチオ・コンチヌア》についても語る。［古プロテスタンティズムの教義学によれば、］連続的創造によって、神は創造物を継続的に保持するのであり、連続的創造がなければ、それは自らのうちに存続可能性を持たなかったであろう。創造についての本来的な教説を、保持についての教説によって、このように補完しなければ、理神論の危険が迫るであろう。しかし、このような補完によって、別の可能性が持ち上がる。それは、神が世界に内在する力や法則になること、つまり汎神論である。汎神論によっては、創造者という概念が、問いに付されるように思われる。しかし、理神論的と汎神論的な両つの逸脱に対して、さらに、摂理についての教説の別の規定が立っている。つまり、世界に与えた秩序を無効化し、被造物の保持と維持を目的にする、世界への神の臨時的な介入という概念である。科学的な世界観察にとっては、この点で、自然法則の無効化を意味するような奇跡についての主張という難点が生じる。

そのことによって視野に入った、世界の原初における神話的な出来事としての創造の問題と、奇跡の可能性の問いという、世界への神の関係の両つの問題は、実存の神学にとっては、次のことによって解消される。それは、実存の神学が、創造物としての世界か永遠なるものとしての世界か、奇跡への信仰か奇跡への異論かという、それらに関する対立的な主張を誤った対象化の帰結と見なし、実存にもとづいて、創造を奇跡として、奇跡を創造として、理解することができる、ということである。

科学的な世界観察にとっては、創造も奇跡も、聖書的な神話系の意味では、存在しない。科学的な世界認識にとっては、世界は、合法則的な関連関係の決して完結されえない全体としてだけ、存在する。科学的にはもはや把握されえない地平の内部でだけ、科学的に妥当する認識は可能である。それゆえ、科学的には、世界の原初については、何も言明されえない。なるほど、科学は、起源や創造の神話の対象的な理解を、非科学的なものであると明らかにする。しかし、科学は、かの神話に取って代わり、自ら世界の起源についての妥当的な言明をなそうとするとき、自ら神話になる。さらに注意されなければならないのは、科学的な世界像の自己完結を妨げるかの地平が、決して不動的ではなく、可動的である、ということである。決してあらゆるものが説明可能なものへと解消されず、それだけますます多くのものが、説明されうると見なされるものの直中で突然に、説明されえないものとして現れうるとしても、説明可能性は拡大されうる。

この事態に目を向けると、科学にとっては、奇跡という概念は、科学的に説明されうるものの地平と一致する。奇跡は、科学的に見ると、作用連関においてはもはや説明されえなかったような諸連関である。ほかならぬ奇跡こそが、科学にとっては、地平そのもの、つまり、科学が、なぜそもそも何かがあるのであって、無があるのではないのか、という問いを立てるときに気づく、かの現実である。その問いは創造神話において問題であるが、しかしながら、その問いに科学は答えを与えることができない。

この否定的な境界づけによって、創造と奇跡について語るための道が開かれた。しかしいまや、科学的な思考の枠内においてではもはやなく、神話を実存理解の表現として理解し使用することができる、実存にもとづく信仰において、語るのである。

科学が、自らの最大の可能性として、探求可能な世界が現に存在し《ダーザイン》、かく存在する《ゾーザイン》という事実に驚くことができるだけであり、究極的な由来と行方についての問いに答えを与えることができない一方で、実存はここで創造者とその意志について語る。実存がそれらについて知るのは、証明されうる知識の形で世界にもとづいてではなく、自由における実存の被贈性のもはや対象化されえない内的な気づきにもとづいてである。そのことにおいて、実存は自己自身が創造物であることを経験する。実存の自己の現実化にこそ、実存は創造されてあることとして内的に気づくので、実存にとっては、実存が自らが現に存在し《ダーザイン》、かく存在する《ゾーザイン》ことを負う形態は、一つの単に非人格的な力ではなく、多くのそのような匿名の力でもなく、自らの人格性の統一のために、祈りのなかでもっともはっきり意識するような創造者という人格的なものである。実存のこの神は、実存にとっては、実存が世界に解きがたく巻きこまれているために、同時に世界の創造者である。かくして、信仰において、実存にとっては、科学も知っている［世界が］現に存在することという奇跡は、神の創造になる。

　実存にとっては、理神論の危機も、汎神論の危機も、存在しない。実存は、創造という奇跡を、過去の一回的な行為としてではなく、永続的な現在として、理解する。しかし、自己自身の被造性についての知識は、実存を、世界への神の関係の汎神論的な理解からも守る。実存の神学が、実存と世界から引き離されては、創造者について語ることができず、実存にもとづいてだけ、また、実存にもとづいて世界との連関において、創造者について語ることができるにもかかわらず、実存の神学にとっては、創造者は、やはり、決して実存や世界と一致せず、絶対他者として、それらから混同されようなく区別されつづける。

実存の神学にとっては、創造は、連続的創造《クレアチオ・コンチヌア》としてだけ意味を持つので、信仰の超在への関係において見られるあらゆる存在と出来事には、奇跡の性格《ヴンダーカラクター》がある。したがって、実存の神学にとっては、自然の出来事の合規則性と合法則性の無効化としての奇跡は、存在しない。特別な意味における奇跡について実存の神学が語るのは、――実存が世界における自らの特別の性格《ゾンダーカラクター》に内的に気づき、自らの使命を実現しうるということへと導くような――様々な生起を、実存の神学が念頭に置くところにおいてである。神のこの特別な創造的働きを表すために、実存の神学は、創造者［としての神］の概念を越えて、――それとともに聖書的・キリスト教的な伝承のうちに立っている――救済者としての神の概念を要求する。

しかし、私たちは、救済をもたらす特別な、神の創造的な働き出しという、この面に、取り組む前にさらに、創造についての教説の枠内において、上述の示唆に目を向けるとすでに立てられる神義論の問題を取り扱わなければならない。それは、どのように、神によるその創造物の奇跡的な保持と、神によるその創造物の破壊的な働きが、調和させられうるのか、という問いである。

第4節　神義論の問題

計いについての教説の範囲から、私たちは、ここではさらに、神義論の問題を取り上げる。なぜならば、一方では、関与《コンクルスス》という神の関与する振る舞い《ベグライテン》の概念と、神の世界統治の思想は、この問題へと至るからであり、他方では、神義論の問いが、あらゆる時代に、非常に重要な宗教的問題に属したからである。世界の本当の状態に直面し、実際に、神が、世界の創造者として、同時に全能で全く慈悲深いものと見なされることが許されるかどうか、という問いが立てられる。いかにして、世界における災いは、全能で全く慈悲深い神の統治と、調和させられうるのか。

神の関与し統治する働きについての古プロテスタンティズムの教義学の諸規定は、問題の解消であるよりも、問題の定式化である。というのはそれらにおいては、神の全能性が、災いの創始者であることからの神の免責を目的として、制限されているか、その問いが、神の振る舞いの究明されえない崇高さを指摘して、そもそも退けられるかの、いずれかだからである。本来的な解消をもたらすのは、最後の事物についての教説が初めてであり、それによれば、神は、日の終わりに、世界を義しい仕方で裁き、自らの創造物を完成させるであろう。しかしやはり、神のこの終末における支配を明らかにするために、神の原初の創造において、悪魔に何らかさらに余地が与えられており、反神的な力のこの働きに目を向けると、神のすでにいま明らかにされた摂理への信仰に何らか多くが要求されているように思われる。

かくして、次のことが把握されうる。それは、神学においても繰り返し世界内の展開と進歩のプロセスの諸表象が登場し、それらによれば世界における災いが次第に克服されていく、ということであり、あるいは、世界における災いが、――現象の世界にだけ属すが、存在それ自体には属さないので――、認識論的に明らかにされうる仮象にすぎない、ということである。前者では、最後の審判への展望こそが、神を弁明するのであり、後者では、あらゆるものにおいて働き勝つ聖霊の力こそが、世界から災いと悪を取り除くのである。

しかし、信仰深い信頼や、外的や内的な振る舞いへの訴えかけの、この楽観主義に対して、繰り返し、次のような人間が現れた。それは、世界における災いの実在性のために、善なる神の否定へと歩を進め、生成する神についての様々な思弁において思い上がったか、あるいは、智なる神の計り知れなさの承認を究極的な結論と見なしたかした人間である。しかしながら、神への信仰にとっては、意味に反するものが謎になるように、無神論においては、世界において意味を有するものが謎になる。しかし、両者を承認し、ほかならぬそれゆえ、神における存在と意味の根底と深淵について語りたいと思う不可知論は、どのような意味においてこれらの言明が意図されているのかや、これらの言明において普遍妥当的な確認が問題であるのか、実存にとっての信仰の告白が問題であるのかが、問われなければならない。しかしながら、いずれの場合にも、私たちは、もはや神の深淵性と関係するだけではないであろう。というのは、科学的に確認される深淵性は、もはや究極的な深淵性ではないからである。少なくとも、そのとき、この確認をおこなう科学は、深淵性から排除されているであろう。そして、実存にとっての深淵性は、単なる深淵性とはまったく別のものである。

しかし、そのことによって、すでに、私たちは次の点に言及した。それはそこから、実存の神学にとって、神義論のここで概略された問題の全体へや、その解消の試みへの、立場の表明の可能性と必要性が、明らかになる点である。実存の神学は、この問題の複合体の全体に直面して、なにより、客観的・科学的な言明と、神話的・思弁的な言明と、実存にとって信仰にもとづいて妥当する言明の区別を、気づかせなければならない。

神義論の問題へと至る様々な確認は、普遍妥当的で概念的に対象的な認識の枠内においてなされた。空間的・時間的で悟性の諸カテゴリーにはめこまれた私たちの経験においては、意味に反するものが確認される。統一性へと向かう私たちの理性的な思考にとっては、神概念における様々な対立と統一不能なものが明らかになる。私たちがこれらの矛盾とともに概念的・対象的な認識の領域を運動するということを、私たちが意識しているかぎりは、これらの矛盾の確認は、まったく問題ない。世界における私たちの状況を照明するためには、私たちは、［概念的な認識とは］別の可能性と方法を持っていない。ほかの人たちが私たちより前に、この概念的な照明の成果を表現し、私たちがそれらをこんにち表現する定式を証明するためにも、そうである。

＊

しかし、実存の神学は、これらの設問の正当さを承認しこれらの設問を借用するのみならず、同様に、いまや、そのような問いと答えの限界も指摘しなければならない。全体としての世界は、科学的な思考にとっては、それがなおさらもはや言明することができないような限界概念である。世界全体という思弁的な概念や、それに対応する、神の創造物という神話的な像は、もはや科学的に証明されうる言明ではなく、実存の超在への関係の意識の表現である。同じことは、私たちが詳論したように、全能と全き慈悲深さという、いわゆる神の性質についても妥当する。それらにおいて問題であるのは、神の本質についての科学的な記述ではなく、実存にとっての信仰の象徴である。

しかし、そのことによっては、科学的な認識の枠内における神義論の問題の設定と究明がではなく、この枠内におけるその解消が、許されざる誤ったものとして認識されている。キリスト教の救済史信仰や哲学的な精神の思弁が、汎神論や不可知論が、実存の超在への関係の表現の代わりに、科学的に証明されうる対象性と受け取られるならば、維持されえずたやすく論駁されうる主張だけが現れ出るであろう。そのとき、救済史的な終末表象への信仰は必然的に単なる神話系になり、精神の思弁は劣らず非現実的な空想になり、無神論と不可知論は自己矛盾したものになる。

それに対して、神義論の解消だと自称するこれらは、――私たちが、これらを、自らが普遍妥当的だという主張を掲げる〈信仰の教義〉や〈科学的成果〉と見なさず、神話的、思弁的な象徴を、そのつどの歴史的な状況にある実存の信仰の自らを具体化する思考の運動と見なすならば――、別様である。このように理解されると、堕罪の神話と悪魔の支配から最後の審判と新たな創造へと至る救済史の神話系は、神の［創造した］世界における災いと悪についての問いへの答えとして、信じられうる。しかし、実存にとってのこの信仰は、絶対化されえないので、精神による自然の支配についてや、精神の、世界からの内的な自由についての、様々な精神の思弁《ガイストスペクラツィオーン》に含まれている真理に対して、開放されてもいるであろう。ロゴスの思弁《ロゴススペクラツィオーン》が、キリスト教の伝承のうちでは、初期から、聖書的な救済史と結びついただけに、なおさらそうであろう。そして、有限的・対象的なもののあらゆる絶対化への正当な抗議としての無神論も、実存の信仰の表現として理解されうる。ただし、無神論は、自らによる否定の絶対化から、神の深淵性の承認によって守られなければならない。そのさい、神の深淵性の承認も、自らをかえって絶対化する不可知論の意味で理解されてはならず、実存の超在意識の言明としてだけ受け取られることが許される。

したがって、神義論の問題への実存の神学の回答は、実存の自己理解にもとづく――様々な神話的・思弁的な解決の試みの――理論ではなく、解釈である。［その解釈の］ある形成物を使用するか別の形成物を使用するかの基準は、実存の神学にとっては、その使用によって超在へと関係する存在の意味の解釈が自らに可能になる仕方である。しかし、この意味の解釈は、世界への神の関係や、神への世界の関係の、単なる理論にはとどまらず、——実存の神学にとっては神が全きものとしては実存にとってだけ存在するように——、実存の神学の神義論は、究極的には、実存の自己の現実化の途上においてだけ、確証される。実存にとってそのことが可能になるところで、実存は救いを受ける。それについては、次章で、恩寵としての実存という主題のもとで、語られなければならない。

（訳注）

（1） Glaubenswissenschaft、信仰の科学。

（2） Vgl. Immanuel Kant: *Kritik der reinen Vernunft*. B 648 ff.

第3章　恩寵としての実存

救いについての教説は、古い教義学においては、大抵、三つの部分を包含する。それは、［①］救いの前提としての原始状態と堕罪と原罪についての教説の形をとる人間学、［②］キリスト論、つまり、救いを可能にするものとしての救済者のわざと人格についての教説、［③］義認と聖化による罪人の救済の現実化についての教説としての救済論、である。

宗教改革における起源から、プロテスタンティズムの教義学においては、この教説において、律法と福音の、わざと恩寵の、自己による救いと他者による救いの、救いの神話的・呪術的な理解と救いの精神的・人格的な理解の、平行する対立が、問題である。自然と恩寵のカトリック的な神人協働説に対して宗教改革者たちが強調したのは、自らの自己経験に応じて、また、自らの聖書理解にもとづいて、救いが、キリストにおいて出来した信仰に対する神の救済行為という、純粋な恩寵の贈与だ、ということである。信仰する者は、義と成されず、呪術的に働くサクラメントによって善きわざをなしうるようにされず、キリストにおける神の赦しの愛への信仰において、罪人のまま、義と認められる。救いにおける人間の協働のいかなる種類のものも排除し、救いの純粋な恩寵的性格を確立するために、原始状態と堕罪についての教説は、――人間から堕落後は原始状態の完全性がまったく失われた結果、人間はいかなる仕方でももはや神の恩寵の働きと協働することができないということへと――、先鋭化される。もちろん、この恩寵論は、宗教改革者たちや直接の後継者たちに、すでに、彼らの実践の結果や聖書への基礎づけにおいて、様々な難点をもたらした。ルター派の側での義認論をめぐる論争と、改革派の側での予定論をめぐる論争は、そのことを証明する。古プロテスタンティズムの神学の信仰告白定式と体系においてすでに示されているのは、――自然のままの人間が全面的に罪へと巻き込まれていることや、恩寵が自らだけで働くこと、キリストの救済のわざにもとづく人間の単なる宣義の――誇張された定式に対して、著しい緩和がなされた、ということである。

のちの時代には、自然のままの人間の諸能力についての別のはるかに肯定的な見解や、それに対応した、イエスの史実的な現象の意義の別の理解によって、救いについての、この宗教改革的な古プロテスタンティズムの教説は、呪術的な他者による救済のように思われ、つまり部分的にはなおも、宗教改革自らがサクラメンタリズムの回避によって拒絶した、ほかならぬそのもののように思われる。それゆえ、さらに宗教改革が進み、よりよい聖書理解にもとづいて、近代のプロテスタンティズムは、義認論を自然と恩寵や律法と福音をめぐる論争から取り除くことができ、義認論をキリスト教的に深められた一般的な宗教性と見なしたり、キリストを一般的な宗教性の原像的な現実化と見なしたりすることができると思った。

いまやこの途上で、新プロテスタンティズムの神学は、もちろん、次のような罪論や義認論へと至った。それは、再びより厳格に宗教改革へと向けられた神学には、罪の実在性をあまりにもなおざりにするわざによる義［認］や自己による救いのように思われざるをえなかった罪論や義認論である。しかし、宗教改革への単なる後戻りも、もはやありえないということは、次のことにおいて示される。それは、この神学においては、――すでに宗教改革が関係し、続いて宗教改革の立場を越え出て行った――同一の問題が、再び姿を現す、ということである。カトリック神学が宗教改革の神学のこの改新に出会う関心は、明らかに、次のことを証明する。それは、宗教改革の神学のこの改新においては、カトリシズムとの実質的な親近性が、新プロテスタンティズムにおいてよりも、はるかに大きいということであり、少なくとも［新プロテスタンティズムにおける］カトリック化する諸性格においてよりも、大きいということである。これらの諸性格のゆえに、新たな宗教改革の神学は、別の観点で、新プロテスタンティズムを批判するのである。

ほかの教説においてと同様に、実存の神学にとっては、救済論においても第一に問題であるのは、カトリシズムとプロテスタンティズムのこの複雑な対立ではなく、――実存の神学には実存の救済的な自己理解にとって重要であるように思われる――キリスト教の伝承の内実を有効にさせることである。それゆえ、実存という概念から、実存の神学は、罪という概念を展開し、ここから、原始状態と堕罪と原罪についての教義を理解する。同様に、実存の神学は、実存の自己理解から、義認と聖化の本質と現実を展開し、そのことから、選びの教説を把握する。恩寵としての実存というこの理解にさいして、キリスト論をさしあたりは無視し、この教説にあとから初めて別個の一章を充てるということを、実存の神学にさせるのは、叙述の単なる外的な理由ではない。キリスト論のこの後置は、むしろ、これから示されるように、事柄自体に根拠づけられている。実存は、キリスト論に依存せずとも、恩寵として理解されうる。実存のキリスト論が私たちの歴史的な状況のために絶対に必要であることがあとから明らかになるとしても、である。しかしさしあたりは、ここで私たちは、キリスト論なしに、罪と恩寵と関係する。

第1節　罪の本質

罪《ズュンデ》とは、普遍妥当的に確定されえも、証明されえもしない事態である。場合によっては罪として表されうるものとして、普遍妥当的に確定されえもし、証明されえもするものであるのは、法律的な規定や道徳的な戒めへの違反である。そのような法律や戒めは、自然的、政治的、倫理的、宗教的な価値秩序にもとづく。いわゆる自然法、政治的な法律規定、伝承的な慣習、公衆的な道徳、——個人的な姿勢において表現されるか、共同において生きるかする——エートス、宗教における神的な戒めの一覧(1)として見なされるものは、そのような価値秩序である。それに違反する者は、これらの法廷によって、――なるほど、罪責《シュルト》の事実とその程度は、一般的に証明されうるように定められうる仕方においてであるが――、罪責を負う。

しかし、ほかならぬ、それらの規範のこの客観性と、その判断の普遍妥当性において、これらの秩序は、やはり同時に、相対的で多義的で可変的であり、部分的に相互に問いに付し合う。それらが相対的であるのは、それらが、それらの客観性において、つねに、ある特定の秩序へと関係しているからである。その特定の秩序は、それ自体としては、唯一的なものでも、永遠に同一的なものでもない。それどころか、自然法は、ある歴史を持っており、解釈を必要とする。そのことは、さらにはるかに強い程度で、政治的な制度や社会学的な形態について妥当する。正義の発見においては、つねに、主観的な要素が含まれている。成文化された神的な戒めも、その適用においては、一義的ではなく、様々な解釈を許容する。しかし、なにより、個々の価値秩序は、相互に対立し合っており、きわめてしばしば衝突する。自然法と現行法、さらに現行法と道徳的な意識や、世俗的な法と宗教的な法も、相互に対立し合うことがありうる。一方に服従する者は、そのことによって、他方に罪責を負う。ある特定の局面のもとではきわめて正しいように思われるものは、あるほかの観点からは重大な罪責として判断されなければならない。ここでは、罪責を負う者は罰せられないままであり、罪責を負わない者は罰せられる。これらの価値の変化と価値の衝突が示すのは、この領域においては無制約的な妥当性が存在しないということである。様々な違反と、それらにそれぞれ対応して罪責を負うことは、なるほど、一般的に証明されうるが、しかし、ほかならぬそれゆえに相対的である。

しかしやはり、対象的に把握されうる価値秩序のこの相対性においてや、その価値秩序へのありうる違反において、すでに無制約的な何かが現れる。この無制約的なものは、次のことにその本質がある。それは、そもそもこの価値秩序が存在する、ということや、決断する必要がないようないわば価値自由か価値中立な領域を取り除く可能性が人間にとっては存在しない、ということである。むしろ、私たちがおこない関係するあらゆるものは、私たちにとっては、何らかの仕方で、有益であるか有害であるか、正当であるか不当であるか、善であるか悪であるかする。選択と価値づけと決断のこの不可避さにおいて、無制約的な何かが現れる。そのことは、次のことにおいても示される。それは、決断せざるをえないことの不可避さということこの状況それ自体が、もはや対象化されえず、対象化されえないものであるから、普遍妥当的に証明されえない、ということである。私が自らや他者に、〈私とはここで決断する者である〉ということを証明しようとするならば、私にとっては、無制約的な決断の状況は、制約性や恣意性、あるいは不自由さへと解消される。しかし、客観的に確定されうる制約的で依存的なもののなかにあるにもかかわらず、自由において決断されるもの、――それが実存である。

そして、ここで私たちはいまや、――単なる違反や相対的に罪責を負うことではなく――、罪や無制約的な罪責について語られうる点にいる。罪については、また、それに対応して、本来的な意味での罪責についても、実存だけが知りうる。実存は、何かあるものを履行し《エアフュレン》たり、それに違反し《フェアフェーレン》たりするのみならず、実存は、それぞれが自己自身を実現し《エアフュレン》たり、逃がし《フェアフェーレン》たりもする。実存にとってはこれやあれが善であるか悪であるかするのみならず、実存はそれぞれが善であるか悪であるかもする。罪が存在するのは、信仰において神の前でだけである。しかし、実存は、自らが信仰において神へと関係することを知っている。この関係において、実存は、自らの歴史性の相対的で対象的なもののなかに、――対象化不能な、しかし無制約的な仕方で――、神の声を聴き取る。

　どのように神の声が実存にとって語りかけるものになるかは、次のことに依存している。それは、どんな伝承のうちに実存が立っているか、どんな自然法の概念を人間が持っているか、どんな政治的立法のもとで人間が生きているか、どんな道徳的概念を、どんな神的戒めを、人間が知っているか、また、どのように人間がこれらのあらゆる価値秩序を描き出し概念的に照明するか、どのような経験を人間がそのことによってしたか、どのように人間がこれまで自らの態度においてそれらによって規定されたか、である。そして、実存が自己自身に目覚め、自らの自由と責任に内的に気づき、自らの歴史性を無制約的に引き受け、自らがそのことにおいて超在へと関係することを知るとき、実存が神の声として聴くものも、後から直ちに再び対象化され、連関させられ、検討され、議論され、そのことによってその無制約性を奪われる。しかし、かの対象化されえない、自由において［自己が］自己に贈り与えられることのさなかで、歴史的な価値秩序の対象性のなかに、無制約的なものが聴き取られるようになり、そして、無制約的な要求として聴き取られたものを私が逃すことは罪になる。

しかしいまや、ここから、堕罪についてと原罪についての伝承的な教説も、恩寵としての実存という理解の前提として、その意味を受け取る。

第2節　原始状態、堕罪、原罪についての教説の意味

堕罪についての旧約聖書の物語《ゲシヒテ》と［創3］、使徒パウロによるその解釈は（ロマ5）、――自然的な仕方でも、超自然的な仕方でも――、人間の歴史《ゲシヒテ》の原初についての対象的な言明としては、使用されえない。自然的な仕方で使用されると、それらは、人間の進化についての、検証されえないのみならず、――科学的な追証が可能であるかぎりは――誤ってもいる理論である。科学的に、人は、死について、罪の報いとしては語ることができない。しかし、超自然的な仕方で、つまり、超自然的な救済史の原初の部分として理解されると、――教義の究明が示すように――、聖書とは反対に、罪に対する人間の責任が否定される。

かつては、なおも、堕罪前の人間の状態についてのわずかな聖書の示唆が、伝記的・歴史的な言明の意味で理解された。つまり、人間は、実存としての自らの本質に目覚める前は、実際に、――楽園

におけるアダムとエバのように――、許されるものと許されないものについての権威的に伝承された命令を知っているが、本来的な意味での罪と罪責については知らない、というようにである。しかしながら、それらにおいては、一度だけ人類の歴史の原初に置かれるであろうような状況も、教義がするのとは違って原始状態の完全性として記述されうるような状態も、問題ではない。この「無垢の状態」は、人が何らかの程度で喪失しうるような肯定的な所有物ではなく、それにおいては、単に、次のような無関心さが問題である。それは、自らの実存の意識に目覚める前の人間のものであるような無関心さであり、人間が、この目覚めをもたらす苦境のもとで、おそらく一度は憂いを持って失われた無垢として思い出すことがありうるような無関心さである。しかし、実存にもとづいて見ると、いわゆる原始状態は、――いまだ実存としての自らの状況を意識することへと目覚めていない者があり、しかしながら、その者が、この意識が一旦開けば、もはや戻ることができないような――無邪気な状態である。

そのことによって、すでに、実存にとって堕罪の神話が意味するものも、規定されている。堕罪は、実存にとっては、完全性と称されるものの喪失ではなく（そうした完全性を聖書は教義としてはまったく知らない）、むしろ、肯定的なものであり、実存を欠いた未成熟さから、実存が善悪を知ることへと抜け出ることであり、それと一つのこととして、罪と罪責を知ることである。この明らかな進歩と結びついた蛇による誘惑は、人間がこの善悪の知識を神のようにあることと混同し、同時にそのことに含まれる責任から逃れることができるということにだけ、その本質がある。その実がかの知識を伝える木自体は、神の創造物に属している。神話は、人間が実を食ることの帰結から人間を守ろうとするならば、そのことによって、人間にとっては実存としての存在に含まれるほかならぬ形而上学的な悲劇を表現するが、しかしながら、この悲劇を絶対化せず、人間の罪責を排除しない。

堕罪は、創世記3章の神話が比類なく適切な仕方で描写しているように、実際に、二重のものにその本質がある。第一にそれは、人間に、人間がそれであるところのもの、つまり実存に対する目が開かれるとき、そのことがただ、――人間が概念的な対象化において、神のように自らの現実の世界を意のままにするというように――、起こりうる、ということである。このやり方でだけ、人間は、世界を認識することができ、自らの本質を実存として照明することができる。しかし、この対象化された状況に固執すると、人間は、たったいま触れた自らの真の本質を転倒させ、獲得したと思い、掌握すると思う世界に頽落する。そのことに、［堕罪］神話が同様に示唆する次の第二の要素が加わる。それは、人間が自らに、この照明によって気づいた実存としての責任を対象化によって覆い隠し、自らの行いの――自身がそれではない――原因を探し求める、という要素である。不気味な因果連関は、――そこには人格的な責任は存在せず、結果は責任を原因に転嫁する――、人間にとっては、守りになると同時に、宿命になる。実存は超在について知っており、つまり神の前に立っているが、因果連関が覆いになって、わずかに恥という説明することのできない事実だけを残して、実存の責任という消し去ることのできない事態が覆い隠される。ここでは、死は罪の報いになる。なぜならば、実存にとっては、実存の有限性、とりわけ実存の可死性は、実存が自己自身になることと必然的に結びついた［実存の］脱落であるからである。

個々の行いにおいて初めて現れるのではなく、実存の存在の全体をその本質において規定することの罪性の、不可避性と同時に免責不能性が、原罪の教義において意図されている。原罪においても、実存の神学にとって問題であるのは、自然的な状態や超自然的な状態ではなく、実存の自己理解の神話的な表現である。原罪の概念において意図されている、罪という実存の宿命的な性格は、次のことにおいて示されている。それは、実存が、自らの悪行においてのみならず、自らの善行においても、罪によって特質づけられている、ということである。悪行の、――つまり、概念的に照明する対象的な思考によって悪行を同時に隠蔽し誤って免責しながら、その思考によって責任に内的に気づくことの――、帰結は、人間の存在の気遣い[2]と不安の性格においてや、気遣いと不安によって導かれる自己主張の誘惑から必然的に帰結する非人間性において、結果する。人間だけが、実存という実現したり逃がしたりする存在のために、気遣いと不安を経験することができるように、同様に人間だけが、非人間的であることができる。しかし、善行、つまり、人間が責任から逃れず、自由の意識において選択し決断する、かの行いにおいても、原罪の本質は現れ、しかも、ここではいまや、――そこに倫理的な思考があり、そこから倫理的な思考が抜け出ず、そこへといかなる行いによっても必然的にあらたに私たちが巻き込まれる——不可避的な価値の対立において、現れるのである。対象的な思考にとっては一義的に善でだけあるものは存在せず、それがより鋭く首尾一貫して思考すればするほど、それだけより不可避的に対立的な状況が現れるように、私たちは、いかなる行為によっても、あるいは無為によっても、必然的に罪責を負うのである。

しかし、ここで人間の悪行について述べられたものも、善行について述べられたものも、普遍妥当的な科学的人間学の意味では述べられていない。そのような人間学は、罪の本質に決して気づかない。私たちがここで詳論したものは、科学的にはなおさら把握不能な実存の自己理解にとってだけ、また、実存にもとづいて思考を追体験し共体験することにとってだけ、妥当する。それゆえ、ここでは、究極的には、——実存を無視する対象的な観察様式においては、容易になされるに違いないが——、人間の悲劇や、神における悲劇については、語られえない。実存にとっては、罪は、なるほど、形而上学的な性格を持っており、実存の超在への関係の特質である。しかし、悲劇的な人間理解や神の理解においては、実存という土台は、実存の観察や自己主張のためには、すでに放棄されている。悲劇や悲劇的という概念は、なるほど、この状況の概念的な照明には寄与するが、しかし、結語ではありえず、あってはならない。結語でありうるのは、ここではただ、赦しという新たな存在の経験から理解される、恩寵と選びについての神話である。

第３節　信仰における罪人の義認

律法のわざなしでの信仰のみによる罪人の義認についての宗教改革の教説は、神学において、すでに多くを語らせ、無限に多くの災い《ウンハイル》を引き起こした。無際限な論争神学的・間教派的な議論は、この教義によって呼び起こされた。この教義は、この教説が――使徒パウロによってローマ書において定式化されて以来(3)――キリスト教界《クリステンハイト》においてもずっと持っていた長い歴史のなかで形成されたものにほかならない。尋常ならざる鋭覚が、そのさい、次のことを概念的なものにするために、使用された。それは、なぜ、そしてどのように、子の十字架上の犠牲における神の救済行為によって、罪の世界が救われ、ここから、新たな完成された創造物の光のなかで生きることが許されるのか、ということである。人が、この多様な歴史において、きわめて様々な現象から、繰り返し、現実に経験された恩寵の証言を、聴くことができなかったとしたら、それは、救いの経験の欠如と、他者の体験の共感をできないことの、証明である。しかし、この救済意識がそのときどきに言表された対象化されたものと絶対化されたものに目を向けると、人は次のことも把握できる。それは、ほかならぬこんにちの実存哲学が、義認の教義を、キリスト教の救済信仰の、まったく不条理でまったく信じるに値しない形成物と見なさざるをえないと思う、ということである。

一方で、実存の神学は、自らの歴史性において、キリスト教の表象的・概念的な世界のこの全体とその問題系によって規定されており、この規定性がなければ、ここでなされたのとは違って、罪と恩寵について語らないであろう。他方で、実存の神学は、自らが実存の神学として、救済史のこの対象化されたものにではなく、実存の――自ら固有の――自己理解に基づいていることを、知っている。一方で、実存の神学は、そのような自己理解の言明として、自らの信仰行為《フィデス・クア》において、伝承の信仰内容《フィデス・クアエ》によって確かにともに規定されている。他方で、実存の神学は、固有の実存の信仰行為《フィデス・クア》からだけ、伝承的な信仰内容《フィデス・クアエ》の形成物を理解する。こうした理由から、私たちは、自らの義認論において、この教説の伝承的な概念系の議論からではなく、先に展開した罪としての実存の自己理解から、出発する。

実存の自己理解は、つまり、実存が自らを罪を負う者として認識するということにおいては、汲み尽くされえない。この実存の、罪によって規定された、超在への関係の認識と認知においては、同時に、決定的に新たな自己理解の萌芽が含まれている。実存は、――自らの本質の根底においてとあらゆる自らの表れにおいて罪に頽落していることを認識し、この認識に逆らわず、自らを自らがそれだと認識するものと見なすならば――、もはや単に罪であるわけではない。善悪についての対象化する知識によって生み出される、かの神のようにあろうとすることにおいて、実存から責任と自由が取り去られる。実存の本質のこの転倒は、気遣いと不安と非人間性において結果する。しかし、この転倒の承認によって、実存は、自らの失われた責任と自由を再び取り戻す。実存自身を実存の規定である〈罪を負う転倒〉として受け入れることは、実存の責任と自由の行為である。自身の本来的な存在の喪失に内的に気づきながら、実存は自らを、――自身の最も固有な本質においてかろうじて――、対象化されえない責任と自由として主張する。

ここでは、次のものが思い出されなければならないであろう。それは、なおも宗教改革の神学も、――もちろん誤った対象化において――、堕罪した人間の本質における神の似姿の、堕罪によっても破壊されず、失われえない残滓として、固執するものであり、宗教改革の神学が、救い《オルド・サルティス》の順序として、――つまり、神の恩寵の助けによる罪人の義認と和解と聖化の道程として――、もとづくものである。ただし、ここで実存にとって問題でありうるのは、神の像《イマゴ・デイ》の、そのような量的に確認可能な残滓ではなく、それと結びつく、人間の意欲と神の恩寵の助けについての神人協働説ではない。実存は自らがむしろ、――罪として自己を引き受けることにおいて――、完全に頽落していることと同時に完全に自己自身になっていることや、完全に認識し決断していることと同時に完全に認識され受け入れられていること、完全に自由であることと［同時に］完全に贈り与えられたものであることを、新たな創造として知る。罪人であることと恩寵が与えられていることの相互的に排他的な全体性のそのような逆説においてだけ、実存は自らに、――対象化する照明において――、あらゆるものを変えるこの転回、つまり新たな光のなかに置かれているということを、明白にすることができる。

罪人としての私が聖なる神の前で死ななくてもよいということや、この［神の］火が私を飲み込まず、この［神の］火において私が、――イザヤがその有名な神殿の幻において述べているように（イザ6）――、〈神の現前の清めの力〉と〈神に仕えることへの召命〉を経験するということは、新たな創造という恩寵である。神の火のなかで新たに［自己が］自己に贈り与えられることのそのような経験から、実存はそもそも初めて、創造が何であるのかを知る。しかし、ここで問題であるのは、存在一般の創造ではなく、つまり、なぜ無がなく、そもそも何かがあるのか、という、かの問いへの答えではない。なぜならばその答えを、実存は後から、そのような経験にもとづいて与えることができるからである。そのような経験において私たちは、創造の秘密という至聖所におり、その秘密から抜け出ると、私たちは、口ごもるようにだけ、恩寵について語ることができる。実存は恩寵である。[4]

古ルター派の教義学が、聖霊の我が物にする恩寵についての教説において、罪人の義認と改新という救済の道程の記述のために使用する諸概念は、新たな創造の恩寵というこの奇跡の表出の、不十分であるが、しかし照明に絶対に必要な試みにほかならない。律法のわざなしでの――法律と祭儀の領域に由来する――義認と和解という概念は、新たな実存意識のこの超在への関係の形而上学的な射程と特別な特質を表現しようとする。実存が、ここで、自己理解それ自体において、自己を義認し、［自己と］和解するのではない。実存は、ありのままに自己を受け入れることを、神によって受け入れられていることとして経験し、自己自身と和解することを、神と和解させられていることとして経験する。被造物が自己自身の創造者ではないのが確かであるだけに、そのさい、自らの功績はまったく存在しえない。

　同じことは、回心と聖化における義認と和解の確証についても妥当する。回心は、気遣いと不安を生み出す、対象的なものの世界に頽落していることから解放されることを、意味する。神に属していることとしての聖化は、実存によって経験された受け入れられていることと和解させられていることが、実存によってその周りの人々と周りの世界へと拡大されるということに、その本質がある。しかし、――信仰における義認と和解が、回心と聖化なしに真でありうるかのように――、気遣いと不安からの私たちの解放と、世界と人間との私たちの和解、そして、それらに含まれる〈愛しうるようになること〉が、信仰における義認と和解に、あとから付け加わらなければならない二次的なものではないように、この回心と聖化においては、信仰のわざは問題ではありえない。このように信仰のわざや信仰の証明として客観化されると、信仰における義認は、だめになっているであろう。なぜならば、実存が、そのことによって、再び、意のままにするという目的のために対象化するという罪に頽落するからである。恩寵と、信仰から独立して存在する信仰の証明は、根本的に相いれない。実存にとってだけ、回心と聖化は、恩寵のしるしとして、目に見えるようになる。それゆえ、それどころか、古改革派の教義学における、神の選びと、選ばれた者の態度との、目に見える対応という、いわゆる実践的三段論法《シロギスムス・プラクティクス》は、少なくとも疑わしい定式である。なぜならば、ここでは、信仰の選びの確信と信仰の普遍妥当的な証明の混同が、非常に明白だからである。しかし一般に、この異議は、――それによって改革派の側で特殊にルター派的な義認論の関心が引き受けられたところの――予定の教義に対して妥当する。この教義を、私たちは、ここで最後にさらに、考慮に入れなければならない。なぜならば、この教義は、正しく理解されれば、恩寵としての実存の意識を表現するのに、まったく特別にふさわしいからである。

第4節　実存の選びの意識

特にカルヴァンとその後継者たちにおける予定についての教説によって引き起こされた混乱は、もちろん、義認論が帰結として持った混乱に劣らず大きい。義認論との連関で、律法と福音について、また、善行の必然性や有害性について、論争されたように、人は、予定の教義の議論において、――神が悪の創始者であり、人間が盲目的な運命の無意志な道具であるという――立場へと至った。しかし、義認論においても予定説においても、この出口のなさと途方のなさの原因は、実存にとっての信仰の言明を悟性とその体系性の普遍妥当的な証明へと転倒することにある。しかし、両つの教説の形式において、そのような混乱とは別の何かが問題であるということは、次のことに示される。それは、それらが、歴史の経過において、経験された恩寵の意識のそのときどきの誠実な表現であったということであり、同様に、それらの伝承的な形式が、実存の本質についての私たちの知識から、この意味で理解され訂正されうるということである。私たちが［前節で］、この観点のもとで、罪人の義認について語ったように、私たちは本節で、実存の信仰意識から、予定の教義も解釈しなければならない。

義認された罪人としての自らの実存において、信仰する者は、自らが神によって選ばれていることを知っている。選びは、しかも完全に、――はやくも使徒パウロのローマ書９－11章が、また、彼の後にカルヴァンと厳格なカルヴァン派が、主張したような――選びと拒絶という二重予定の神話系の意味での選びは、実存にとっては、罪人に対する恩寵において［自己が］自己に贈り与えられていることの自らの経験の非常に十全な表現である。というのは、ほかならぬ、拒絶されてあることの可能性のこの暗い背景について、実存は、自己が自己に贈り与えられていることのまったくの非自明性において、知っているからである。実存は、この恩寵に自らがまったく値しないことを知っており、それが与えられることが、決して、被造物の力の領域にはなく、創造者の力の領域にだけあるということを知っている。しかしいまや、実存は、一方では、肯定的に、選ばれてあることのこの可能性だけを知っている。そして、実存にとっては、実存として［の自らが］拒絶されてあることは、まさに不可能である。なぜならば、実存は、もしそうでなければ、実存がそれであるところのもの――ほかならぬ恩寵としての実存――ではないだろうからである。他方では、実存にとっては、しかし、［拒絶されてあることの］かの不可能性を排除する、選ばれてあることのこの可能性は、究極的には対象化されえない、ただ信仰されうる現実である。神は、実存にとっては、実存を選ぶ者以外のなにものでもない。実存にとっては、神は、拒絶する者ではなおさらない。

実存にもとづいて見ると、意志とは無関係に、一方の人たちが神によって永遠の至福に規定され、他方の人たちが永遠の劫罰に規定されているという、二重予定についての教説は、――なるほど、恩寵の秘密の照明のために企てられうるが、しかし、この対象化された形式において形而上学的な言明として絶対化されてはならないような――思考の構想の不適切な対象化と絶対化の帰結である。なるほど、悟性にとっては、神が全能であるならば、悪と不信仰も神によって引き起こされているに違いないということは、論理的な推論である。しかし、悟性的な知識のこの論理的な推論の方法は、その遂行においてとその成果において、信仰における実存にとっての神の啓示と、きわめて大きく対立している。この道程で神の本質についての正統的な言明に至ると思う者は、実存が何であるのかを把握しなかったのみならず、対象的な認識の可能性と限界について説明もしない。かくして、驚くべきことではないのは、その者が、――信仰の救済神と無関係であるのみならず、自らが責任を負うことについての実存の意識と相いれなく矛盾もするような――神の像に至るということである。悪の創始者としての神と、人間の責任と罪責は、両立しえない。論理的な決定論と、人格の自由は、根本的に相いれない。論理的に議論する者も、自らの立場の不可能性について知っているということは、次のことにおいて示される。それは、その者が、あらゆるありうるやり方で、神によって引き起こされた悪の罪責を神に負わせず、それを人間に帰すことを試みる、ということである。しかし、悪の創始者だとして神に罪責を負わせず、それに対して人間に責任を負わせるという、概念的・対象的な思考を用いるこの試みは、見込みないものであり、同様に、その成果があとからこの詭弁を必要なものとする思考の道程の全体は、すでに根底から転倒している。対象的な思考は、超在と実存に関しては、失敗に終わるほかない。そして、悪の創始者としての神についてのこれらの思弁と、それに対応し神の免責と人間の帰責に用いられる議論が、それらの結論と矛盾において挫折するかぎりでせいぜい、それらにおいて、超在へと関係する実存の、対象的には把握されえない真理が、恩寵として目に見えるものになりうる。しかしこれらの理論はなおさら、——自己自身を止揚するこの真理においてや、かくして、非対象的に透明になるものにとって、妥当する真理であろうとせず——、直接的・対象的に妥当する真理であろうとするので、恩寵としての実存について知っている思考によっては、不適切で不条理だとして拒否されるほかない。

＊

悪の創始者としての神という論理的な構想によって、救済へと選ぶ者としての神という、恩寵としての実存にもとづく私たちの理解に対して、掲げられうるであろう異議は、——すなわち、ここでは、悪がもはや形而上学的な実在性を持たず、拒絶されてあることの可能性が考慮されていないという異議は——、正当ではない。というのは実存は、自らが超在へと関係するという、ほかならぬそのことにおいても、罪と罪責の現実についてや、拒絶する神の怒りの意志について、完全に知っているからである。しかし、実存にとっては、それらにおいては、二つの区別された相互的に独立して結果する神の意志と働きが問題なのではない。ほかならぬそのことは、誤った、実存の現実をもはや照明しない、暗くする対象化であろう。実存にとっては、選びの神と拒絶の神や、隠れたる神と啓示する神という、神における二つの意志の神話的・思弁的な構想は、実際には、一つに重なる。実存は、自らが、罪のある者として、気遣いと不安、非人間性に巻き込まれていると認識し、そして、自らを、そのことにおいて、罪責ある者として承認する。そのことによって、実存は、自らが同時に、神によって新たな創造行為において受け入れられ義とされていることを知り、世界から解放され愛しうるようになった新たな存在へと選ばれていることを知る。拒絶されていることと選ばれていることのこの統一においてのほかには、実存は、神とまったく関係せず、自らの対象的に照明する思考の概念的な区別とだけ関係する。この概念的に対象的な区別は、罪と罪責や恩寵と赦しの認識のために必要であるが、恩寵としての実存の自己理解の十全に神話的な表現は、一方の人たちを選び、他方の人たちを拒絶する神ではなく、同時に選び拒絶する神である。実存は、自らが、同時に選ばれ拒絶されていることを知る。同様に、実存にとっては、神は、同時に選びの神であり拒絶の神である。別様には、実存は、神について語ることができず、別様には、実存は、罪と罪責について、——しかし恩寵についても——、知らない。信仰する者にとっては、拒絶は、恩寵としての実存への選びの変わらずに暗い背景である。しかし、信仰する者は、選びにとってそのような背景であること以上のものを、悪に認めることはできない。ほかならぬ、信仰する者であることの形而上学的な特質は、信仰する者であることが神によって選ばれていることに、その本質がある。

予定説についての、この私たちの解釈は、この教義についての、こんにちカール・バルトによって主張されているようないわゆるキリスト論的解釈との、驚くべき親近性を持っている。同様に見落とされてはならない相違は、ほかならぬ次のことである。それは、二つの人間集団の運命としての、神によって永遠に選ばれていることと、永遠に見捨てられていることの、そしてそれとともに、神的な悪の創始者性と、人間の決定論的な不自由性の、かの宿命的な神話系の克服のために、実存の神学が、決して、神話的な構築物へと、つまり、子の運命における神の拒絶の意志の実現についての神話へと、逃避することはない、ということである。恩寵へと選ばれていることという、私たちの実存理解を、私たちはむしろ、そのような神話的補助構築物なしに、実存の自己理解から直接に獲得する。しかしいまや、そのことが意味するのは、実存の神学においてはキリスト論のための場所がない、ということではなく、実存の神学がそのようなものなしで済ますことができる、ということではない。しかし、実存の神学にとっては、予定説が実存の自己理解の表現であるように、キリスト論は、この予定説的な実存の自己理解の表現であるほかない。それは、実存のキリスト論である。

（訳注）

（1） Tafel、板。「わたしは、彼らを教えるために、教えと戒めを記した石の板をあなたに授ける」（出24：12）。

（2） Sorge、思い煩い。「思い煩わないでほしい。独身の男は、どうすれば主に喜ばれるかと、主のことに心を遣いますが、結婚している男は、どうすれば妻に喜ばれるかと、世の事に心を遣い、心が二つに分かれてしまいます（Ich wünschte aber, ihr wäret ohne Sorgen. Der Unverheiratete sorgt sich um die Sache des Herrn; er will dem Herrn gefallen. Der Verheiratete sorgt sich um die Dinge der Welt; er will seiner Frau gefallen. So ist er geteilt)」（1コリ7：32以下）。

（3）「人が義とされるのは律法の行いによるのではなく、信仰による」（ロマ3：28）。

（4） ヤスパースから受け継いだ「自己に贈り与えられる」という実存理解によって、ブーリは実存を恩寵と見なす。ただし、ヤスパース自身は恩寵を経験したことがないと述べている (vgl. Karl Jaspers: „Philosophie und Offenbarungsglaube. Ein Gespräch mit Heinz Zahrnt“ In: *Provokationen*. Hans Saner (Hg.), München / Zürich (Piper) 1969, S. 68)。

第4章　実存のキリスト論

キリスト教の宣教の中心点には、キリストの形姿《ゲシュタルト》が立っている。キリスト教は、キリストなしには、史実的にも信仰的にも、存在しない。イエスがキリスト教の歴史の原初に立っているように、いかなるキリスト教神学も、何らかの仕方で、キリスト論、つまりキリストの人格とわざについての教説を含む。しかし、［あらゆるキリスト教神学を］結びつけるこのものは、同時に、分けるものである。キリスト教信仰とキリスト教神学のかくも様々な形成物が存在するということは、時間の経過のなかで、ナザレのイエスとその使命の現象の本質と意義についての、かくも多くのかくも様々な見解が現れたということと、きわめて密接に連関している。キリスト論の変化においては、神学の歴史の変化が反映している。

宗教改革者たちは、なるほど、本質的な変更なしに、――カルケドン公会議以来（４５１年）、全キリスト教の信仰の財産になったような――キリストの神人的な救済者的人格性についてのキリスト論的な教義を、受け継いだ。少なくとも、宗教改革の神学と宗教改革後の神学におけるキリスト論の究明は、完全に、教義についての従来の議論の枠内において動く。宗教改革の土台のうえで、伝承的なキリスト論に付け加わった新たなものは、聖餐のサクラメントにおけるキリストの現前の仕方についての規定ではなく、むしろ、預言者的、祭司的、王的という、キリストの三重の救済のわざについての教説の拡張である。この三職についての教説は、［聖餐の］サクラメントにおいてキリストが現前することと、教皇がキリストを代理することについての、宗教改革者たちによって拒否されたローマ［・カトリック］的な見解の、代替物である。

近代のプロテスタンティズムにおいて初めて、古プロテスタンティズムがなおもローマ・カトリック教会とともに主張した古教会のキリスト論と、古プロテスタンティズムがさらに固有の拡張として付け加えたものは、まったく解消された。しかもそのことは、キリストの人格についての教説や、キリストのわざについての教説と、関係する。神人的な救済者のうち、史実的なイエスの人間的な人格性だけが残った。超歴史的な神的特質がこの人物《ゲシュタルト》にここで帰せられるのは、わずかに、その人物によって、キリスト教の原理の超時間的な真理が歴史のなかへと導入されたか、あるいは、その人物を手がかりに、罪人に対する神の聖なる愛の特別な救済の経験がなされうるか、のかぎりにおいてである。この原理を導入することや、この救済の体験を可能にすることに、その本質があるのは、ここでも、キリストの救済のわざである。三職のうち、主要な問題としては、預言者職だけが残っている一方で、人は、祭司職と王の職についてはわずかに比喩的な仕方でだけ語ることができる。

現在では、最も完全な宗教性を有しているこの「近代的な」イエスは、宗教史的、新約聖書［学］的な研究によって、教義の神人よりもさらに本当のイエスと共通しない、まさにこの近代の思考と感情の産物として、認識された。正統主義の神学者と自由主義の神学者がこんにち一致するのは、イエスが、近代の精神とは完全に対立した、イエスの時代の終末論的な表象世界に生きたということにおいてであり、原始キリスト教団が、イエスを、すぐ間近に迫った世界審判のために到来する超俗的なメシアと見なしたということにおいてである。しかし、人は［現在では］、まったく対立的な見解を、この終末論的なイエスの評価と解釈において、有している。アルバート・シュヴァイツァーの後継者たちにおいて、近代の自由主義神学は、原始キリスト教的な終末論を、無時間的に妥当する文化倫理の、時代に制約された表現と見なし、イエスを、それの保有者や体現者と見なす。［彼らによれば、］イエスの歴史的な働きの悲劇は、イエスの後継者たちが、彼のエートスではなく、彼の終末時の表象に従った、ということである。［彼らによれば、］その働きにおいて、イエスは、まさに誤解されたのである。それに対して、正統主義の側においては、終末論的な観点の発生は、救済史の神学の改新へと至った。なぜならば、人は、聖書的な終末論を、歴史の全経過の理解のための図式として使用し、神人を、歴史の中心点と将来の完成者と見なすからである。しかしながら、神学的な自由主義においても、新約聖書的な終末論の肯定的な使用も、――もちろん神話系として理解されてだが――、存在するように、正統主義神学においても、救済史の理解は、完全に一義的なものではなく、価値論的・非神話化的な理解と目的論的・神話論的な理解の間を揺れ動く。そのことは、やはり、救済者の人格とわざについての見解においても、反映される。

以上によって概略された、歴史上と現在でのキリスト論的な問題の形姿から、キリストの問いのいかなる究明にとっても、さしあたり、次の二つの問いが生まれる。第一は、伝承的な神人キリスト論の、新たに発見された終末論的なキリストへの、関係についての問いである。それにおいて問題であるのは、史実的・科学的な問題であるが、しかし、その問題への回答は、実存とキリスト論の関係にとって、意義を有している。第二は、イエスにひょっとすると認められうるかもしれない、終末論的な〈自らがメシアだという主張〉の正統性についての問いである。イエスは本当に、彼が自己自身をそれとして見なし、信奉者たちが彼をそれとして崇拝した者、つまり神の子、メシア、終末時の王であったのか、あるいは、人間的な仕方で、これらの当時の表象を用いた、単なる一個の人間であったのか。この第二の問いは、もはや科学的に決着をつけることができず、その問いによって、史実的・科学的な研究の限界が、――しかし、科学の領域においては信仰の言明が権限を持たないことも――、示される。

これらの両つの先行的な問いへの回答のあとで初めて、こんにち実存の神学の内部でキリスト論として主張されうるものを肯定的に詳論することへと、移ることができる。ここでも、二つの観点が区別されなければならない。第一に、実存とキリスト神話の関係が、――つまり、実存の、キリスト神話の理解のための意義と、反対に、実存の自己理解のためのキリスト神話の意義が――、根本的に明瞭にされなければならない。第二に、次いで、どのように、イエスと特に使徒パウロが、終末論的なキリスト神話を現実化したのかと、何を、キリスト神話のこの歴史化が、私たちがキリスト教的であることにとって意味するのかが、注意されなければならない。新約聖書の終末論的なキリストへの、教義の神人の関係についての、史実的・科学的な設問から、私たちは始める。それは、新約聖書学[1]と教義史の今日的な状況によって、私たちに立てられているような設問である。

第１節　終末論的キリストと教義の神人

アルバート・シュヴァイツァーによって導入され、なによりマルティン・ヴェルナーによってその『キリスト教の教義の成立[2]』（１９４１年）において適用され検討された、新約聖書の宣教の、また、最初の数世紀の教義史の展開の、いわゆる徹底的終末論的な考察によって、キリスト論の問題の議論において、新たな状況が生み出された。それ以前には、自由主義神学は、教義の超自然的な神人に対して、史実的イエスの人間的人格性を強調し、それゆえ、正統主義の側から、――自由主義神学は、聖書において宣教された救済者からその神性を奪い、その救済者を人間化することによって、その救済者を改ざんしたと――、不当ではない非難を受けた。こんにちでは、徹底的終末論の主張者たちは、なるほど、次のことに気づいている。それは、――イエスがキリストとして、まもなく最後の審判のために現れると信じ、イエスをキリストとして、死後に形成された会衆が期待した、その――キリストが、人間的な形態ではなく、超自然的に神的な形態である、ということである。しかし、神人の教義の主張者たちに対して、徹底的終末論の主張者たちは、いまや、次のことも指摘する。それは、この教義が、聖書に従っておらず、――期待された終末時のキリストの再臨が起こらないことによって必要になった――終末論的なキリストの形姿の形成しなおしである、ということである。上記の研究者たちを引き合いに出して、ここでは、教義の神人への、終末論的なキリストの関係に関する、この徹底的終末論的な観察のいくつかの成果が、指摘されなければならない。その関係へは、必然的に、キリスト論的な問いの史実的・科学的な究明が集中する。

人が、どんな信仰的な態度をキリストに対して持っているとしても、つまり、どんなキリスト表象が信仰にとって基準になっているとしても、人は、史実的・科学的に、やはり、次のことを認めなければならないであろう。それは、新約聖書において、様々な救済者の表象があるのみならず（ダビデの子、人の子、神の子、グノーシス的原人《ウーアメンシュ》、ロゴス）、なにより、新約聖書の終末論的なメシア表象と、――三位一体論的・キリスト論的な教義の――のちの教会的な二本性説の間に、根本的な相違もある、ということである。終末論的なキリストと教義の神人の間の本質的な相違が示されるのは、救済者の現れの外形においてと、特に、原始キリスト教的・終末論的なメシアや、古教会の神人に救済者のわざとして帰せられるものにおいてである。
終末論的なキリストにおいては、終末時におけるアイオーンの転回[3]の開始を告げるために選び出され委ね任されている先在の天的存在が問題である。人間ナザレのイエスのこの天的存在への関係は、様々に表象される。すなわち、ナザレのイエスが、死後、存命中に召命されていることを知っていたこの天的存在へと、高められたか、あるいは、ナザレのイエスにおいて、この天的存在が、地上の人格へと変化することによって、すでに地上で形姿を取ったかの、いずれかのように表象されるのである。いずれにせよ、ナザレのイエスは、人の子として、天的な栄光のうちで、自らの救済のわざを完成するために間近な日の終わりに現れるであろう［、と表象される］。のちに、三位一体論的、キリスト論的な論争の対象や、それに対応する教義の対象になったような、父の神性が子の神性によって侵害されることや、救済者の神的本性が救済者の人的本性によって問いに付されたり、逆に、救済者の人性が救済者の神性によって問いに付されたりすることは、ここでは問題ではない。天的存在としては、メシアは、なるほど、神的な形姿を有している。しかし、天的存在へとメシアが選び出されているのは、いっときにすぎない。ナザレのイエスの地上の人格へのメシアの関係は、――人間が神へと高められうる可能性についてや、天的存在が人間的な形姿へと変化しうる可能性についての――、聖書においてほかにも見られる解釈によって、規定されている。それゆえ、一つの人格におけ
る二つの本性についての教説は、この天的キリスト論にとっては必要ない。

しかし、この終末論的なキリストの救済のわざは、終末時の宇宙的なアイオーンの転回の開始を告げることに、その本質がある。このアイオーンの転回によって、デーモンの支配が克服され、神の国が新たな完全な創造物として建てられる。この終末時の事件《ドラーマ》の個々の場面が、なにより個々の局面の時間的な実現に関係するものが、新約聖書においては、部分的には、様々に表象されるとしても、やはり、メシアの救いの振る舞い全体は、この枠内においておこなわれる。この枠内において、やはり、イエスも、自らの活動的な振る舞いと受動的な振る舞いを理解する。間近に迫った［神の］国とそれへと選び出された者の対応する態度を宣教する者として、イエスは預言者である。自らへのデーモンの最後の抵抗を鎮めさせ、かくして、自らの受難によって同時に代理的な贖罪をもたらし、［神の］国の到来をなおも妨げる罪責を消し去るために、イエスは死へとおもむく。そのことに自らの本質があるのは、ここでは、彼の大祭司のわざである。しかし、来るべき［神の］国の主へと定められた者として、イエスは、――神の名において、赦しを与え、審判を下し、奇跡をなし、選ばれた者たちの群れを集め、最後の審判の裁き手を差し向けることによって――、すでに今、王的な全権をもって、語り振る舞う。

ここでなおも統一的な全体を形作り、簡潔におこなわれ、間近に完成されるものは、のちには、救済者の救済のわざについての教会の教義において、長期間にわたり、つらい困惑と不安が続いたあとで、数世紀をこえて遠い将来へと及ぶ救済史になった。そのさい想定されるのは、かの元々の終末論的な救済のわざの個々の部分がすでに実現されている一方で、ほかの部分がなおも将来に属するものと見なされる、ということである。しかし、新約聖書においてすでに進行していると想定された終末史や救済史と比較すると、ここですでに実現されたと見なされるものは、一つの――しかも完全に変わってしまった――断片にすぎない。つまり、キリストの救済のわざはここでは、次のことにその本質がある。それは、キリストが、受肉と贖罪死によってと、全時代の人間のためのサクラメント的な救済機関としての教会の制定によって、救済の可能性を生み出したとされる、ということである。そのことによって遂行された、無時間的・普遍的なものへの、この救済のわざの拡張は、そこで問題なのが、実現されなかった終末論的な救済の期待の埋め合わせであるということについて、誤解させようがない。

マルティン・ヴェルナーの教義史の功績は、次の［二つの］ことを示したことである。［第一に］それは、――ユダヤ教の領域からヘレニズムの領域への、キリスト教の移行の帰結としてのみならず、なにより、再臨のますます長くなる遅延によって引き起こされた、原始キリスト教の終末の期待の後退の帰結としても――、どのように、このサクラメント的な救済のわざが、終末論的な救済のわざに、取って代わったのか、ということを示したことである。しかしとりわけ、［第二に］それは、こうした救済のわざの表象における変化が、いまや、救済者の人格についての教説における変化を招いた、ということを示したことである。つまり、この新たな終末論的な救済論を根拠づけるためには、終末論的な天的キリストは、もはや十分ではなかった。終末論的な天的キリストは、――死すべき肉が彼によって神化されるべきであったならば――、神人によって置き換えられなければならなかった。なぜならば、神人において肉のこの神化が初めて生起したからであり、それ以来サクラメントによって繰り返し生起しえたからである。無効になった終末論的な救済の表象の、無時間的に妥当するサクラメント的な救済の表象への、この変化のためには、ヘレニズムにおいては、――救済者のわざと救済者の人格に関して――、手段が用意されていた。それは、もちろん、次のようにである。つまり、この変化は、いまや、神人的な救済者の、創造者としての神への関係に関して、また、救済者の人格性における人的本性と神的本性の関係に関して、次の問題へと至った。それは、原始キリスト教的な天的キリスト論には存在せず、その結果、かの長い三位一体論とキリスト論の論争へと至り、最終的に、神人的な救済者の教義化へとなった問題である。この神人的な救済者においては、終末論的なキリストは、もはや再認識されえず、終末論的なキリストに、原始キリスト教の信仰において経験され期待されたのとは、完全に別の救済のわざも帰せられる。

＊

私たちには、ここではほんのわずかに示唆された教義史の展開の視点のこの全体が、徹底的終末論の光のなかでは、重要であるように思われるが、しかしいまや、そのことについてはっきりと次のことが述べられなければならない。それは、徹底的終末論においては、ほかならぬ歴史学的な構築物が、つまり史実的な仮説が問題であるということ、しかも、——私たちが実存という概念によって理解するものの伝承への関係をできるかぎり排除することにおいてだけ構想されたものであり維持されうるものであるような——仮説が問題であるということ、である。教義史の展開の視点のこの全体にとって方法的に科学的に長所であるものは、——その全体を実存の神学にとって重要なものにしようとするならば——、同時に不完全性や欠陥として感じられなければならない。実存の神学にとっては、歴史叙述のこの全体は、特に以下の二つの要素によってだけ、意義を有している。それは、第一に、歴史記述のこの全体が、——あらゆるこれらの形成物の史実的な相対性を私たちに明らかにすることによって——、キリスト論的な教義の何らか特定の形成に結びつかないことを史実的・科学的に私たちに正当化する、ということによってである。しかし、他方で、歴史記述のこの全体は、——キリスト論がその決定的な成立の時期に救済論の変化によって規定されたということを証明することによって——、教義史的にも、私たちの、キリスト論に対する救済論の前置を、正当化する。教義史のさらなる経過も、キリスト論が、救済論の前提ではなく、むしろ、救済論の神話的な具象化であるということを、示している。しかし、キリスト論は、神話系として、つねに実存のキリスト論であり、それゆえ、その意義は、決して完全に科学的・史実的な観点からは、把握されえない。以上によって、キリスト論の史実的・科学的な理解の限界と、キリスト論の救済史的な理解の限界が、指摘されている。

第2節　キリスト論の史実的・科学的理解の限界と救済史的理解の限界

私たちが上で徹底的終末論を例に具体的に見たような歴史学的な観察にとっては、キリスト論の究明は、本質的に、三つの局面に分けられる。まずは、キリスト論の究明は、様々な神話的な表象と思弁的・形而上学的な表象を確認する。それらにおいて、イエス自身が自らの使命を理解し、また、それらにおいて、あとからイエスの信奉者たちが、イエスの人格とわざを、救済者として、自らたちに明らかにしようとした。このメシアの表象素材は、旧約聖書的、後期ユダヤ教的な救済者の表象と、――グノーシス的・ヘレニズム的に習合的《ジュンクレティスティッシュ》な救済者の形姿のような――宗教史に由来するそれの典型やそれに対応するものを、包含しており、神学的、哲学的な思弁の歴史を通じて、宗教的英雄や、知恵の教師、敬虔主義的な救世主、新プロテスタンティズムの教義学のキリスト教の原理へと至るまで、広がっている。ついで、歴史学は、イエスの史実的な人格性を作り上げ、――どのように彼が理解されたのかや、どのように私たちが彼をこんにち私たちにとって意義あるものとして理解しうるのかは、度外視して――、どのように彼自身が自己を自らの時代史の枠内において理解したのかを、可能なかぎり客観的に確認しようと試みる。最後に、史実的な研究は、イエス・キリストの現象の理解が私たちの紀元の初頭におけるその登場から、キリスト教会の歴史とそれに触れた人類の歴史の全時代を通じて、こんにちへと至るまで経験した変化を、追求し、その変化を、その内的な必然性において、一つの全体として、理解しようとしている。研究においてはなるほど区別されるが、実践的にはしかし切り離されえないこれら三つの観点は、キリスト論的な問題の歴史学的な探求の正統な課題と目標である。しかし、キリスト論のそのような史実的な個々の叙述と全体の叙述が必要であり実り多いだけに、やはり、その限界が見落とされてはならない。一方で、キリスト論の全体の、あるいは個々の、きわめて確実できわめて明白な取り扱いも、自らの科学的な性格を否定しようとしない、ほかならぬそのときには、仮説的で、訂正をつねに必要とし、訂正に開れた構築物という価値を、決して越え出ないであろう。絶対的な真理は、科学においては存在しない。無制約的な決断としての信仰は、科学を引き合いに出すことができない。科学は、信仰を根拠づけることができず、硬直から守ることができるだけである。他方で、しかしいまや、ほかならぬキリスト論においては、信仰の言明が、つまり、究極的には科学的な探求と叙述の対象にさせられえない何かが、問題である。それにもかかわらず、［科学的な探求と叙述の対象にさせられるという］そのことがなされ、キリスト論についての科学的・史実的な判断がキリスト論の本質と真理についての発言であると主張するならば、道を誤るほかなく、ここで本当に重要であるものに自らを閉ざすほかない。

そのことは、キリスト論の科学的な探求の、考慮に入れられたこれら三つの方向について、妥当する。科学が、メシアの諸神話、とりわけ終末論的なキリスト神話を、史実的な諸連関において説明することのみならず、メシアの諸神話の真理内実についての判断を下すこともできると、不当にも言うならば、キリスト論の科学的な探求は、「素朴な科学」や混乱した空想について語るほかないであろう。しかし、ほかならぬそのことによって、これらの現象の本質と意味がまったく誤解されるであろう。なぜならば、キリスト論の科学的な探求は、実存の自己理解の表現として、実存にとってだけ語りかけるものになりうるからである。しかし、そのような無理解な態度によっては、科学は無批判的な限界の踏み越えという結果を得るだけであろう。同じことは、次のときにも述べられなければならない。それは、——〈イエスは人の子として天の雲にのって同時代人たちに現れるように定められているとの期待について誤解した〉という、史実的・科学的に完全に根拠づけられた確認によって——、人が、イエスの出現の、科学的なカテゴリーによっては究極的には把握されえない意義について、別の何かを述べたと思うときである。そして、さらに、同じことは、教義史的、神学史的な研究方法と成果の評価について妥当する。例えば、〈キリスト教の教義学の展開は、再臨のますます長くなる遅延にもとづいて進んでいく非終末論化のプロセスである〉、という視点が示唆に富むだけに、このやり方で、キリスト教の信仰と、それの救済者の表象の、そうした様々な変化形式の本来の本質を把握し、これらの真理価値についての判断を下すことができると思うことは、誤っているであろう。ここでも問題である、超在へと関係する実存の自己理解と自己の現実化は、――その他の点では、なおもかくも照明的ですらあるが、しかし、自らを絶対化する歴史学的な仮説によっては――、決して正当には評価されえない。実存は、あらゆる科学的な観察様式の限界にほかならない。他方で、実存の信仰にとっては、自らの認識能力の限界を自覚する科学的な探求が、どれほど必要であっても、そうなのである。

キリスト論のいわゆる救済史的な理解の長所は、――歴史における様々な生起についての特定の諸言明への、救済史的な理解の信仰的関係のゆえに――、史実的な観察様式にその制約を指し示し、一人のキリストへと向けられており、自らが、史実的・科学的なカテゴリーによって究極的には把握されえないままであるような歴史において、その一人のキリストと結びつけられていることを知っている、ということである。しかし、この救済史の神学の危険は、次のことにその本質がある。それは、救済史の神学が、自らの限界を踏み越える史実と同時に、――自らの権限を自覚し続け、信仰にとって絶対に必要である――史実的・科学的な批判を拒絶し、かくして、救済史的な神話系を、実存の自己理解の表現としてではなく、対象的な言明として受け取る、ということである。そのことによって［第一に］、救済史の神学は、神話系に関して、迷信的になる。なぜならば、救済史の神学が、実存の自己言表にとって絶対に必要な対象性、つまり神話の有体性《ライプハフティヒカイト》自体を、実存への関係なしに、承認しようとするからである。［第二に、］救済史の神学は、科学的・史実的な研究の成果に関して、無批判的になる。なぜならば、救済史の神学が、この科学的・史実的な研究の側からなされる、神話系の対象的な形式の妥当性の疑問視のゆえに（例えば終末の期待の空間性）、科学に従うことを許されないからである。そして最後に、救済史の神学は、自らの歴史性に関して、不寛容になる。なぜならば、救済史の神学が、ある特定の伝承への、実存にとって適切で無制約的な態度を、教義の普遍妥当性へと絶対化するからである。

私たちが以上によって、キリスト論の［史実的・］科学的な観察と救済史的な観察の限界について詳論したことは、同時に、非神話化の問題についてのこんにちの議論を明瞭にすることへの寄与をなすに違いない。しかしいまや、これらの批判的な検討を越え出て、以下のことをこの問題系の肯定的な克服への指摘としたい。

第3節　キリスト神話と実存の自己理解

キリスト論の史実的・科学的な理解と救済史的な理解は、その限界に直面して、実存にもとづくキリスト論の理解の必要性を指摘する。というのは、この実存への関係は、史実的・科学的な理解には欠けているものであり、救済史的な理解においては神話の本質の誤解によって破壊されるものであるからである。神話は、実存の自己理解の表現である。実存の神話的な像の世界が、実存が自己自身を理解する仕方の表現形式として用いられるように、逆に、伝承的な神話系も、実存にもとづいてだけ理解されうる。

神話と実存の関係についてのこれらの一般的な規定から、キリスト神話と実存の関係に関して、いくつかの重要な確認が生まれる。

実存のキリスト論の課題ではありえないのは、伝承的なキリスト像とならんで、新たなキリスト像を生み出すことである。実存のキリスト論の課題は、伝承のキリスト像を正当に理解することに、その本質がある。新たなキリスト神話の生み出しの拒否という、この主張の否定的な部分は、神話は実存理解の表現であるという、私たちの命題と、矛盾しているように見える。なぜ新たな実存理解から新たな神話も成立すべきではないのであろうか。どんな世代も自らの神話を持つのではないか。なぜ、私たちの時代は、自らに固有のキリスト神話も生み出すべきではないのであろうか。そのことは、それ自体は、まったく異論を唱えられえない。次の理由だけでも、そうである。それは、この神話の生み出しが、実際に、こんにちも存在する、ということである。しかし、ほかならぬ近代におけるキリスト像の歴史によって明白になるように、近代は、神話の生み出しに向かない。終末論的なメシアに対してやグノーシス的な思弁との比較においても、例えば神的な知恵の教師や、敬虔主義的な魂の救世主、それどころかキリスト教の原理は、なんと色があせ、個人主義的で、抽象的であるように思われることか。科学的な批判によって形成された私たちの思考は、神話の成立の助けにならない。この土台のうえでは、神話はつねに、有限的・対象的なものの無批判的な自己の絶対化の不当な産物である。偉大な神話の成立の時代は、科学的に批判的な思考が発生する前にある。キリスト神話においてさらに付け加わるのは、キリスト神話が、――特定の歴史化において、なによりナザレのイエスという史実的な現象との結びつきにおいて、のちにはキリストの形姿の教義化という形式において――、効力を有するようになった、ということである。そのことから由来するのは、新たなキリスト神話が、以前のキリスト神話の主張によって、つねに同時に拒絶されるということであり、新たなキリスト神話の主張者も、――どんな権利をもって、自らの実存理解においてなおも、キリストを引き合いに出すことができるのかや、自らのキリスト像が、伝承の変化であるよりも、中断ではないのかと――、自問せざるをえないということである。「アテネはエルサレムと何の関係があるのか」[5]。しかし、新たなキリスト神話の成立に向かない、科学とキリスト教の伝承によって形成された、この私たちの歴史性を度外視しても、歴史上強力な神話が生まれる時は、まれにしかない。おびただしい数の神話的な表象と形姿において、終末論的なキリストがその一つであるような性質を有する本当に偉大な救済者神話は、ごくわずかしか存在しない。元型として、本当に偉大な救済者神話は、無意識的なものから姿を現し、人類の高時に預言者によって形を与えられ、それから、世々代々――それさえ古くなり死ぬまで――繁茂する。

一般的な〈神話〉や、特殊的な〈キリスト神話の本質〉の、この発生に目を向けると、実存の神学が、——神話の起源としての実存の自己理解に加える意義のために——、新たな固有のキリスト論とともに現れようとするならば、そのことは笑うべき企てであろう。神学は、預言ではなく、ほかならぬ実存の神学としては、伝承の解釈である。実存の神学が伝承を様々に我が物にする仕方が、この伝承の将来の形姿を規定するとしても、さしあたりは、その仕方は、伝承に依存している。それゆえ、実存のキリスト論のキリストは、例えば、イエスが自らが召命されていることを知っていた終末論的なキリストや、教義の神人、キリスト教の原理の体現、敬虔主義者の救世主などとならぶ、新たなキリストではない。この伝承のうちに立ちながら、実存のキリスト論の課題であるのは、あらゆるこれらのキリスト論の像的な性格を際立たせることである。実存のキリスト論は、これらのキリスト論に、経験された救いの神話的な表現を認識する。救いの神話的な表現は、それに対応する自己理解にもとづいてだけ、理解されうる。

キリスト像と実存経験のこの相関に注意し、この相関を引き立たせることは、実存の神学のキリスト論の本質的な要素である。一般的な〈神話と実存経験の関係〉についての理解から、実存の神学のキリスト論は、この〈像と経験の相関関係〉を、キリスト論においても確認するのみならず、この視点から、次のことも、実存の神学のキリスト論には、さらに可能である。それは、様々なキリスト論の形成物を肯定的に価値づけ、かくして、様々なキリスト論の特別な性格を保持しながら、やはり、それらにおいて表現される様々な種類の救済の経験の、本当に普遍的な理解へと、至ることである。

さしあたり注意されなければならないのは、そのつどのキリスト像の背後にある救済の経験それ自体が、すでに、あるキリスト像の影響下にある、ということである。というのは、もしそうでなければ、そのつどのキリスト像が再びあるキリスト像において具体化されることはないであろうからである。しかし、それから伝承的なキリスト論が理解されるところの救済の経験も、すでに、特定のキリスト教の伝承から生じたのでなければならない。そのことは、次のことにおいて示される。それは、私たちがあらゆる伝承的なキリスト像を同じようには把握せず、「それらの」あるものは、私たちに語りかけ、私たちに私たち自身を開示させるが、「それらの」他のものは、私たちには疎遠で、理解されえないままである、ということである。

しかし、この相関も、やはり、単なる静的な関係ではない。キリスト教の歴史が証明するように、キリスト教は繰り返し変化しうるのである。伝承的なキリスト像が、特定の諸条件のもとで、伝承のうちにはいまだ存在しなかった新たな実存理解へと至るにせよ、伝承的なキリスト像が、実存との新たな関係から、――それを手がかりとしてこの新たな実存理解が生まれた――伝承的なキリスト論の再形成へと至るにせよ、そうなのである。

＊

以上によって、キリスト論的な形成物が成立する仕方や、この形成物が自らの歴史を有する仕方が、示唆されているに違いない。その仕方によって、教義の形成において、対象的に形成されうるものや、その仕方を手がかりとして、教義の研究において合理的に概念的に、あるいは、追体験によって直観的に、把握されうるものは、象徴的な具体物や、その合理的な照明、伝記的・心理的な表れにすぎない。しかし、実存にとっての神話の真理は、これらの対象的、合理的、心理的な現象形式においてや、これらに対応するカテゴリーによっては、把握されえない。いかなる神話とも同様に、キリスト神話も、真理《ヴァールハイト》であるものとしては、それにおいて生きる実存の信仰にだけ、開示される。この信仰は、それ自体としては、対象化されえず、概念的に照明されても、つねに無制約的な決断である。なるほど、イエスのいわゆるメシア的な自己意識や、パウロ的な〈キリストにおいてあること〉[6]、ルターの十字架の神学や、救世主への敬虔さは、宗教史的、宗教心理学的に、分析され、説明されうる。しかし、信者にとってこのキリスト理解が真理《ヴァールハイト》であることは、そのことによっては、――実存の自己理解の何らかの神話的な表現が、その仕方では、肯定や否定されえないように――、何も言明されない。実存は、それぞれが自ら、それぞれが信仰する仕方で、どの点において神話が自らにとって真理であるのかを決断する。

キリスト理解が真理であることについての普遍妥当的な言明の可能性のこの制約は、実存によって前提されるが、しかしいまややはり、キリスト論の適切性についてのある客観的な基準が立てられる。この基準が明らかになるのは、キリスト論に——それの本質に対応しつつ——神学において与えられる役割が、注意されることからである。救済論の一部としてのキリスト論において問題であるのは、——受難と罪責にある人間に救済が与えられる——神のかの創造的な働き出しを際立たせることである。実存の神学にとってそのことが意味するのは、キリスト論が自己理解の神話的な表現であり、この表現において、超在へと関係する実存が、自らが自らの自由において贈り与えられたものであることを経験する、ということである。キリスト論が自らの本質的な役割を果たすのは、キリスト論において、——あらゆる自己救済に抗して、しかし人間のあらゆる排除にも抗して——、実存の恩寵的な性格が表現される程度に応じてである。しかしここで同様に注意されなければならないのは、そのようなキリスト論が、自己をそれにおいて理解する実存に及ぼす形成力であり、つまるところ、——この歴史上の強力さを越えて——、そのようなキリスト論によって明るみに出る人間の存在の内実に及ぼす形成力である。

実存の恩寵的な性格の純粋さ、実存にとっての形成力、実存の内実という、ほかならぬこれらの観点のもとで、——キリスト論の表現可能性の多様さの承認にもかかわらず——、キリスト論の表現可能性のなかでやはり、適切性と価値量の大きな程度の相違が明らかになる。特に明らかになるのは、——本章で最後にさらに示されなければならないが——、三つの側面のすべてについて、イエスと原始キリスト教が生きた終末論的なキリスト論が、実存の神学にとって特別な意義を有している、ということである。

第4節　キリスト・イエス

イエスはキリストである。この定式において、イエスの〈自らがメシアだという主張〉と一致する原始キリスト教界《ウーアクリステンハイト》のキリスト論が要約されうる。イエスにとって、メシア論がそうであるように、原始キリスト教界《ウーアクリステンハイト》にとって、キリスト論は、単なる神話系ではなく、実存理解において歴史化された神話系である。なるほど、キリスト論は、教説的に対象化されると、誤りである。しかし、この判断は、キリスト論において現れる信仰の真理には、該当しない。対象化されるときだけ、その信仰は正しくないことが明らかになる。ここから生まれる批判なしには、その信仰は、私たちにとって、跡付けられえないものである。信仰は、対象的なものとしては誤りであることが明らかにされる言明を繰り返すことではない。イエスはキリストである。そのことは、私たちにとっては、イエスを、――彼の約束にもとづき、彼の会衆《ゲマインデ》の期待に応じ――、まもなく天の雲にのって最後の審判へとやってくるメシアと見なすということを、意味しない。恩寵としての実存という私たちの理解にとっては、私たちには、どのようにイエスが自己自身を、また、どのようにイエスを原始教団《ウーアゲマインデ》が、キリストと理解したのかが、重要である。この信仰がイエスにおいて、また、彼の弟子たちにおいて持つ歴史的な形成力や、それにおいて現れる人間の存在の内実は、この形態に、私たちにとって、特別な啓示的性質を付与する。史実的なあるいは教義的な対象性においては、私たちは、イエスはキリストであるという原始教団の信仰告白を繰り返すことができない。しかし、私たちは、私たちの実存の自己理解にもとづいて、それに、救済者としての神の啓示を認めることができ、私たちにとっては、かくして、それが、恩寵としての実存の正統な神話的象徴になる。

なるほど、人は、〔①〕三位一体論的・キリスト論的な教義の受肉した神や、〔②〕信者に出会う救世主の形姿も、それどころか、〔③〕永遠の真理の宣教者として現れる神的な教師も、実存は恩寵であるということの表現として、理解することができる。〔①〕というのは、神人においては、やはり神こそが、人に、しかも本当の人に、――まことの神《ヴェレ・デウス》、まことの人《ヴェレ・ホモ》に――、なるからである。そのことが、神による、しかし人間の形姿をとった救いである。〔②〕同様に、敬虔主義的に敬虔な人たちに、救済を贈り与える救世主が出会う。しかし、この敬虔さに重要であるのは、救済が現実にも体験され、単なる神的な約束に留まらない、ということである。〔③〕そして最後に、キリスト教の無時間的に妥当する絶対的な真理についても、両つのことが妥当する。それは、その真理が永遠に神的であるということと、やはり人間によって発見されるということである。

しかし、このようなキリスト論は、実存の自己理解の表現として解釈されるとしても、終末論的なキリスト神話や、イエスが自己自身を、また、イエスを彼の弟子たちが、終末論的なキリスト神話において理解した仕方とは、比べものにならない。［①］三位一体論的・キリスト論的なあらゆる思弁と、［②］救世主のあらゆる体験と、［③］絶対的精神への有限的精神の関係についてのあらゆる思弁は、――メシアの出現による完全で新たな創造の開始や、イエスや使徒たちが自らの存在をこの神話系において理解し現実化した仕方と比較すると――、何も意味しない。ここでは、救いは、現実に完全に神の創造であり、人間が意のままにすることからは完全に逃れる。しかしやはり、人間は自らが、新たな存在へと定められた被造物であることを知っており、自由と責任においてそれを現実化することへと召命されている。イエスと使徒パウロにおいて、間近な期待と現在的な出来事へと、終末論がアクチュアルなものにされたことは、恩寵としての実存の意識の、強さの点ではほとんど凌駕されえない表現であり、それと同時に、そのような実存理解の、歴史上強力な象徴である。

以上によって、私たちはすでに、イエスのメシアとしての意識と振る舞いによってや使徒パウロの終末論的なキリスト神秘主義によってアクチュアルなものにされた神話系の第二の特質に、――その神話系の実存理解が有している強さと歴史的形成力に――、面している。

［①］たしかに、三位一体論的・キリスト論的な教義の神学も、神の内での《イナーゲットリヒ》救済の出来事のみならず、外へのわざ《オペラ・アド・エクストラ》と、――その結果においては、それどころか、神との義人の神秘的合一の可能性や、最終的には彼岸における至福直観の可能性も――、知っている。［②］自明であるのは、救世主への敬虔が、神秘的な体験について知っている、ということである。［③］精神の思弁は、それどころか、

あらゆる有限的なものに、解放する神的な萌芽を見いだす。しかしやはり、これらの構築物は、イエスの終末論的な振る舞いや、パウロ的な〈キリストにおいてあること〉の終末論的な実存に対して、なんと彼岸的で、なんと単に内面的で、なんと抽象的に非現実的であることか！

それに対して、イエスの選びの意識は、なんと此岸的に、現実的に、具体的に結果することか！この地上のために、イエスは神の国を期待した。しかし、イエスは、神の国の現実化に対立するデーモン的な力について、錯覚しない。イエスは、決して単なる耐え忍ぶ者ではなく、受難の犠牲においてなおも活動的に振る舞い、弟子たちに、罪と苦難にある彼らにとっても、どのように実際の克服の可能性があるのかを示す。同様に、使徒パウロは、単なる虚構の勝利や初めて将来に訪れる勝利には甘んじず、死と復活をキリストと共同することにおいて、自らの生を自らに与えられた新たな存在として理解する。

この終末論的なキリスト論が有している強さと形成力を説明することに劣らず、私たちにとってここでは、人間の存在の価値の内実を叙述することは、可能ではない。なぜならば、人間の存在の価値の内実は、［終末論的なキリスト論という］この現象と連関して歴史へと踏み入り、そのことから、のちの時代に歴史において効力を有し続けたからであり、あるいは、繰り返し新たに呼び覚まされたからである。キリスト教の歴史の経過において人格的に倫理的な諸価値や文化的な形姿として現れたものは、多様な変化のなかでも、本質的にはやはり、次のことに由来する。それは、どのようにイエスが自己をキリストとして理解したのかや、どのようにイエスがキリストとして理解されたのか、である。

この終末論的なキリスト論が、あらゆる変更や、あらゆる再形成、あらゆる小変更を通じて、また、あらゆる歪曲を通じて、繰り返し人間によって神の救いの恩寵の啓示として理解され、〈ここで神が人となり、時代の転回が生起したのだ〉という信仰告白をさせたところをみると、人間の存在の理解の可能性と現実化可能性の、途方もない深さと、汲み尽されえない豊さは、新約聖書において私たちに立ち現れるこの終末論的なキリスト論に含まれているに違いない。

かくして、神学的、実存的、倫理的な理由から、実存の神学にとっては、キリスト・イエスは、非常に重大な意義を有している。原始キリスト教の証言に従って、――キリスト・イエスを通じて、また、手がかりとして――、終末論的なキリスト神話が歴史化された仕方で、キリスト・イエスは、実存のキリスト論の原像である。それゆえ、実存のキリスト論が自らの課題と見なすのは、実存の自己理解を様々に我が物にすることによって、キリスト・イエスを歴史の過去性から現在の実存の歴史性へと移し入れることであり、かくして、かの歴史と実存自身の歴史性に自らを救済史として実現させることである。

しかし、この課題は、本節で試みられたような実存のキリスト論の基礎づけを越え出て、この教義学的な概説の最終章の目標を指し示す。最終章は、救済の仲介と完成についての問いに充てられる。

（訳注）

（1）neutestamentliche Wissenschaft、新約聖書の科学。

（2）Martin Wener: *Die Entstehung des christlichen Dogmas: problemgeschichtlich dargestellt.* Bern (Paul Haupt) 1941.

（3）Äonenwende、世の転回。Äon、世。「あなたがたはこの世に倣ってはなりません」（ロマ12：2）など。

（4）geschichtswissenschaftlich、歴史科学的な。

（5）テルトゥリアヌス『異端者への抗弁』7：9。

（6）In-Christo-Sein. いわゆる「パウロのキリスト神秘主義」。Vgl. Albert Schweitzer: *Die Mystik des Apostels Paulus.* (*Gesammelte Werke in fünf Bänden.* Bd. 4.) München (C.H. Beck) 1974.「パウロの神秘主義の根本思想は、〈私はキリストにおいてある（Ich bin in Christo)〉、である〉」(*ibid.*, S. 28)。「わたしは神に対して生きるために、律法に対しては律法によって死んだのです。わたしは、キリストと共に十字架につけられています。生きているのは、もはやわたしではありません。キリストがわたしの内に生きておられるのです」（ガラ2：19以下）など。

第5章　時間の内のキリスト教的実存

救済を根本的に可能にし現実化することについての教説としてのキリスト論と救済論に引き続き、人はよく、教義学において、さらに特別に、歴史における救いの具体的な仲介と形姿について語り、しかも、時間と歴史を超えたところを指す永遠における完成に目を向けながら、そうする。そのことがなされるのは、救済手段、教会、最後の事物についての教説においてである。三つの教説すべてにおいて、それぞれ特別な仕方においてだとしても、時間の内のキリスト教的実存が目に見えて現れることが問題である。言葉とサクラメントによって、信者たちには、キリストによって得られた救済財が仲介される。それゆえ、それらは、救済手段として表される。教会は、これらの自らに委ねられた救済手段を用いるのみならず、それらによって形成された歴史の領域でもある。教会は、それゆえ、聖徒の交わり《コムニオ・サンクトルム》として定義される。そのことは、一部は聖徒への共同[1]として、一部は聖徒らの共同[2]として、理解される。しかし、教会の教説によれば、個人の存在も、教会の存在も、時間の内では完成しない。死後に、個人の存在は、むしろ彼岸において、継続する。個人の存在は、教会が自らの歴史を有する世界とともに、終末における最後の審判において、自らの完成を見いだす。最後の事物は、空間と時間の止揚を意味するにもかかわらず、しかしやはり、空間的・時間的な生起として表象される。

　実存の神学がこれらの教説に関心を持つのは、自らがこの伝承のうちにあり、この伝承に取り組むことにおいて生じるからだけではない。実存の神学にとっては、能動的にも、これらの教義学の各論の関心であるもの、つまり、歴史の内での実存の具体的な現実化が、問題である。しかし、それには、実存の神学にとっても、次の問いが属している。それは、伝承とその内実が実存にとって仲介される仕方や、実存には欠かせない共同、実存が個人としてや共同しつつ立っている歴史の終末と完成についての問いである。

　しかしいまや、ここで問われているキリスト教の教説の伝統は、主要な部分のいずれにおいても、一連の対立的な見解と未決的な問題を持っている。私たちは、キリスト教の教派や時代が特に分かれるこれらの難点の、最も主要なものだけを思い出させる。

　宗教改革以来、私たちが慣れているのは、救済手段という概念を、教会の宣教における聖書の言葉と、洗礼と聖餐というサクラメントとして、理解することである。それに対して、カトリック教会は、七つのサクラメントを数える。(3) これらは、カトリック教会にとっては、本来の救済手段をなす。相違が最も目立って現れるのは、プロテスタントの説教礼拝とカトリックのミサの比較においてである。相違律法のわざなしでの信仰のみによる義認の理解にもとづいて、宗教改革者たちは、功績あるわざをなしうるようにするカトリック教会のサクラメント的な恩寵の仲介を、聖書に反する呪術と感じた。しかし、宗教改革の洗礼論と聖餐論が聖書に従っているのかは、――宗教改革時代におけるこれらの点についての論争のなかではやくも示されたように――、劣らず疑わしい事柄である。恩寵概念の宗教改革的な精神化を考慮すると疑問の余地があるように思われるのは、どの点において、そもそもなおも、サクラメントが、言葉の働きから区別されて、問題になりうるのか、ということである。はやくも宗教改革において、二つの線が形を取り始める。一方では、言葉それ自体がサクラメント的に理解され、他方では、人はサクラメントを単なるしるしと見なそうとする。言葉のサクラメント的な理解は、のちの時代に、［キリストによって制定された］使用のほかに《エクストラ・ウースム》[4]も、言葉が効力を有するとの主張へと至り、それに対して、象徴的な見解は、さらに象徴も単なるしるしへと空疎化したような合理主義へと至った。いずれの場合にも、プロテスタンティズムにとっては、言葉とサクラメントの関係が問題である。

そのことと、教会概念の問題系も、連関する。ローマ・カトリシズムにとっては、教会は、自然的・超自然的な形態として、時間から永遠へと到達する、キリストによって建てられ、位階制的に組織化された、サクラメント的な救済機関である。宗教改革者たちが正しく認識したのは、ここでは数世紀をつうじて、聖書によっては根拠づけられえない位階制とサクラメンタリズムが形成された、ということである。しかし、彼らも、唯一の真の教会の、時間の内での教会の様々な現象への関係の問題を、目に見えない教会と目に見える教会の区別によって、解消することができると考えたとき、この解消は、同様に聖書に従っていないのみならず、実際問題、不十分でもある。〈キリストによって建てられた唯一の真の教会である〉と主張する一つの教会に代わり、多くの様々な教会が存在した。それらの教会はすべて、〈目に見えない教会の目に見える形姿と選ばれた道具である〉という主張を掲げた。なるほど、世界内の文化的な形態へと教会を世俗化した新プロテスタンティズムは、教派の論争を緩和し、再び、自らのやり方で、原始キリスト教の普遍的な救済の期待の何ものかを持った。しかし、この文化への信仰の運命と、新約聖書学は、私たちにこんにち、次の洞察をもたらした。それは、教会と文化と神の国を無造作にひとまとめにすることが不適切である、ということである。

かくして、教会の問いの究明は、終末論の問題へと至る。宗教改革が、煉獄論を取り除いたことを例外として、非本質的な点でだけ、最後の事物についての教説の伝承的な把握から離れた一方で、新プロテスタンティズムは、ここで、大きな変化をもたらした。しかも、最後の事物についての教説に関するこの変化は、二度、――新たな方向づけのこれら両つの段階が相互に排他的に対立しているにもかかわらず――、なされた。18世紀と19世紀初頭に、新プロテスタンティズムの文化楽観主義は、伝承的な教会的終末論の解消とは言わないまでも、個人的ならびに普遍的な終末論の精神化に至った。此岸の現実に置かれた霊魂の不死と、自然への精神の勝利を実現する歴史のさらなる発展とへの見通しは、この教義学的な体系の頂点である。しかしながら、19世紀の終わりと20世紀の始まりに、人は、研究の前進においてと、時代の体験の印象のもとで、まさにこの新プロテスタンティズムに、かの終末論的な文化楽観主義の欺瞞と、原始キリスト教の終末論の完全にことなる意味を、認識した。原始キリスト教にとっては、終末論は、単なる多かれ少なかれ無害な教義学の最終章ではなく、原始キリスト教のメッセージ[5]は、根底から、また、あらゆる部分において、終末論的である。なぜならば、原始キリスト教のあらゆる言明は、目前に迫った、あるいはすでに進行中の終末の出来事という前提から、出てくるからである。原始キリスト教の実存は、終末論的な実存である。そのことは、此岸における霊魂の不死と、ますます高まる文化の発展とは、完全にことなる何かであり、――しかし、この原始キリスト教の終末論的な実存を、再び、対象的な〈彼岸と救済史の神学〉へと移そうとする、プロテスタント神学の最近の試みとも、ことなる何かである。

＊

ここではそれゆえ、キリスト教の伝統にもとづく実存の神学によって、時間の内のキリスト教的実存の現象形式としての救済手段、教会、最後の事物についての言明をなそうとするならば、そのことは次のようにだけなされうる。それは、まず、それらに対応するキリスト教の教説の周知の問題系の起源について問う、ということである。

第1節　実存の神話的対象化と現実化

キリスト教の歴史の経過において現れたような、救済手段、教会、最後の事物に関する様々な見解のすべては、新約聖書のそれらに関する言明を引き合いに出すか、その言明に由来する。カトリシズムと古プロテスタンティズムにとっては、その言明は、規範的な〈啓示の源泉〉と見なされ、新プロテスタンティズムにとっては、少なくとも、固有の由来の史実的な文書と見なされる。それらにもとづいて成立した教説的な形成物と歴史的な形成物の、私たちが導入的概観で指摘した対立を理解するためには、実存の神話的対象化と現実化の相違と、同時に見られる連関に、注意を払うことが、必要である。私たちに私たちの実存概念から明らかになるこの観点のもとでは、私たちには、その問題系の様々な類型を事柄に即して価値づけ、その問題系を克服することが、可能である。

私たちに新約聖書において、神の言葉の宣教として、洗礼と主の晩餐におけるサクラメント的な救済の仲介として、選ばれた信者の共同として、期待された至福の描写として、終末時の開始における態度として、出会うものは、実存の自己理解と［自己の］現実化の表現や現象形態としての、神話的に対象化されたものである。これらの表象や形成物の神話的な性格は、私たちがそれらを客観的に科学的に把握しようとするときには、すぐに明白になる。なるほど私たちは、このやり方で、次のことを確認できる。それは、ここでは人間が人の言葉をではなく神の言葉を宣教するという主張を持って現れる、ということであり、人間には信仰も贈り与えられる、ということである。あるいは、ここでは、それに与る者たちに超自然的な救済財を仲介しようとする洗礼と聖餐というサクラメント的な儀式が遂行される、ということであり、さらには、ここでは、神の国に与ることへと選ばれた者たちの群れに属しキリストの体に属すという信仰によって生きる様々な共同が形成される、ということである。終末の生起の経過についての、――間近な開始についてや、すでに生じた個々の生起について、いまだ来ないものについての――、言明もなされる。そして、信者たちは、そのことに対応して態度をとり、この世界のより長い存続をもはや考慮に入れず、自らがすでに死がもはや何の手出しもできない新たな創造物であることを知っている。

これらの証言と現象が、空間的・時間的な性格を持っており、空間と時間において現れ、空間と時間によって働くにもかかわらず、それらは、永遠的なものをして時間のなかへと入り込ませ、それらにとっては、彼岸的なものに対して有限的なものが透明になる。科学的で空間と時間のカテゴリーによって働く思考にとっては、これらの神話的に対象的な言明と形成において意図され叙述されるものの実在性は、把握されえない。空間の法則がもはや妥当しないような空間と、時間が止揚されているような時間と、もはや有限的ではないような存在と、もはや世俗的ではないような歴史は、概念的・理論的な思考にとっては、不可能なものである。概念的・理論的な思考は、自らを自ら放棄しようとしないならば、ここでは、幻覚と誤解について語るほかない。

そのような判断は、神の言葉とサクラメントの、教会《エクレシア》とキリストの体《ライプ》[6]の、そして終末論の、新約聖書的な表象と使用に関して、絶対に不可避であるように思われる。〈言葉は、人の言葉ではなく、神の言葉である〉ということは、客観的に実証されえないのみならず、逆に、ほかならぬ新約聖書においては、「ここで神の言葉として理解されるものの時代的な制約が明白でもある。ここで神の救済の決意として宣教された状況全体は、歴史の実際の経過と比較されると、誤解であることが明らかになる。それゆえ、サクラメントは、それらが遂行された人やそれらに与った人に新たなアイオーンの現実を仲介するという、それらに帰せられた働きを、持たなかったかもしれない。そして、同じ理由から、教会《エクレシア》も、終末の国に与ることへと選ばれた者たちやすでに終末の国の新たな具体性《ライプリヒカイト》に与った者たちの共同であることは、明らかにならない。

これらの神話的に対象化されたもののすべては、歴史において、やはり、維持不能なものであることが明らかになり、まもなく、はやくも新約聖書において、非常に決定的な変形にさらされた。原始キリスト教のこれらの像が、――救済手段、教団を建てるもの、終末史の――より以前に対象化されたものの変形された像であるように、それらも、さらなる歴史の経過において、ことなる時代の表象と思考に対応して、変形され、新たに使用された。まさに次のことに、神話的に対象化されたものの本質と役割がある。それは、神話的な対象化において、形を与え内実を仲介する形態が歴史のなかで現れる、ということであり、しかし同時に、神話的に対象化されたものが、この形成物においては存続しえず、それ自体、永続的な変形を受けさせられている、ということである。キリスト教の救済手段、教会、教会の終末論の歴史は、そのことの多くの目に見える資料を提供する。

それらの様々な対立する――それらの起源から私たちの現代までの――形成物におけるこの歴史を理解するために、いまやもちろんさらに、別の要素が考慮されなければならない。私たちはここまで、救済手段、教会、最後の事物について、――概念的・対象的な思考にとって把握されえ、その思考によって、その思考の実在意識に対応して、形成されなおされ、それぞれ新たな仕方で使用されもするような――神話的に対象化されたものとしてだけ、語った。しかしいまやはり、神話的な対象化は、――それ自体はその本質上、対象ではない、まさに対象化されたものの――対象化を意味する。概念的・対象的な思考の実在意識においても、このやり方で十全に把握されうるものだけが、問題であるのではない。その実在意識は、それに加えて、この思考によっては照明されるだけで包括されえない、かの領域にも属している。神話においては対象化され、理論的な思考によっては照明されうるだけのこの現実は、実存の現実であり、つまり、――自らが信仰において超在へと関係することを知り、自らを自己の現実化において恩寵として経験する――かの自己存在である。

概念的・対象的な認識には把握されえない、実存の自己理解と［自己の］現実化の、この現実が、いまやまさに、原始キリスト教の終末論的な神話系においても、さらに、原始キリスト教の伝統のうちに立っている概念的・対象的な思考においても、問題である。実存こそが、自らが人の言葉において神の言葉によって語りかけられることを知るのである。実存こそが、サクラメントによって救済が仲介されるのである。実存こそが、自らが、ほかの実存と、もはや世俗的ではない共同において、結びつけられることを経験するのである。実存にとっては、有限性は、永遠性に対して透明になり、実存は、歴史を救済史として体験する。実存にとっては、終末論は自らの自己理解の表現である。

実存が自己を、そのような神話的に対象化されたものの表象において、また、それへの態度の有様において、現実化する程度に応じて、実存はしかし、思考しながら自己を照明しつつも、実存としての自己の〈現実化〉とその現実化の表現形式や現象形式としての〈神話的に対象化されたもの〉の相違を意識する。概念的な思考においてだけ可能なこの区別なしには、実存は空想と自己誤解に頽落するであろう。この区別によって、私たちは、キリスト教の救済手段、教会、終末論の、別の本来的な、いまや形式的であるのみならず内容的でもある起源に直面している。これらの形成物が、その起源においてとその歴史において、それらがそれであるところのものとして、現実であるのは、実存として信仰しつつ、自己をそれらにおいて現実化し、「自己が」自己に贈り与えられる者の、それぞれにとってだけである。しかし、ほかならぬそれゆえ、それらの形成物は、――新約聖書神学や、キリスト教の教義の歴史の、いかなる科学的な叙述も示すように――、繰り返し新たな形式を受け取り、繰り返し新たな内実を獲得する。解釈しながら我が物にすることにおいてでなければ、実存は、伝統のうちに立ちつつ、自己を現実化することができない。それゆえ、はやくも使徒パウロは、――自らの実存をキリストにおいて理解した、ほかならぬそれゆえ――、彼が、キリストを肉に従ってはもはや知らず、キリストを霊に従ってだけ知ると、宣言するのである（２コリ５：16）。それゆえ、パウロに与えられた啓示は、彼が繰り返し、自らが伝統のうちに立っていることの証しとして強調するように、特別な啓示なのである。それゆえ、サクラメントは、彼にとっては、自らの状況にだけ対応した特別な意義を持つのである。それゆえ、――単なる史実的な骨董品でもなく、唯一の教会や唯一の最後の事物でもなく、使徒［パウロ］の信仰にとってと彼との真の共同にある者にとって真理であるような――、教会はキリストの体であるというパウロ的な概念や、終末の生起についてのパウロ的な概況が、存在するのである。

しかしいまや、救済手段、教会、最後の事物についての教説の歴史的な形成物の、批判的でもあり肯定的でもある理解に対する、以上によって開かれた視点を、さらに追及する代わりに、私たちはむしろここでは、実存の神話的対象化と現実化の究明された関係規定にもとづいて、救済手段、教会、終末論として、実存の神学にとって明らかになるものを、詳論したい。そのさい、この教説の、歴史において現れた典型的な形成物のいくつかへと、立ち戻る機会が与えられる。

第２節　実存にとっての象徴としての言葉とサクラメント

私たちがここで、実存にとっての救済手段としての言葉とサクラメントを考慮に入れるならば、私たちがすでに証言しているのは、これらを選び出すことによって、私たちが、救済手段についての自らの理解によって、カトリックの見解に対立し、宗教改革にもとづくということである。そのことは、私たちの選択ではなく、――私たちが立っており、自ら選び出したわけではない――伝統のうちで、決定されている。ここで企てられるような実存の神学にとっては、救済手段であるのは、七種のカトリックのサクラメントではなく、聖書の言葉と、洗礼と聖餐のサクラメントである。そのことによって、カトリック教会の七つのサクラメントも救済手段でありうる可能性に反対して、何かを述べたいわけではない。それらが聖書に反する呪術だという、宗教改革の断罪にもかかわらず、むしろ歴史と現在は、それらがそのときどきに救済手段として働いたということや、繰り返し働くということを、証言する。それらがこの伝統のうちに立っていない者たちにとってこの働きを持たないということは、それらの真理を否定せず、いかなる歴史的な伝統とも必然的に結びつく理解の可能性の制限の証明である。

そのことは、もちろん、宗教改革の神学の意味での判断ではない。というのは、宗教改革の神学は、――実存の神学を促してそのような立場を表明させる――実存の神話的対象化と現実化の区別を知らないからである。しかし宗教改革と実存の神学の間には、――同様に取り消すことができない――

新プロテスタンティズムの展開がある。新プロテスタンティズムにとっては、宗教改革が神の言葉を救済手段として使用することは、いくつかの観点において、ローマ［・カトリック］のサクラメンタリズムに劣らず、神話的で呪術的である。しかし、ほかならぬ実存の神学は、私たちに、宗教改革の救済手段理解を不当に理解させることはない。逆に、実存の神学にもとづいて見ると、宗教改革が得ようとする救済手段の新たな理解は、神話的な象徴の合理主義的な空疎化に陥ることなく、救済手段の機械的に迷信的な使用から抜け出る、という試みのように思われる。そのことが、ルターとツヴィングリの論争の深みにおいて問題である。ツヴィングリは、悟性の明るさによって、迷信と闘い、ルターは、私たちには神話系や呪術のように思われるものも属している受け継いだ自らの実存の歴史性から、悟性に抵抗した。両者の関心を、実存の神学は、言葉とサクラメントを象徴として理解することによって、正当に評価したい。

実存の神学は、信仰の概念的な照明としては、科学である。しかし同時に、科学的にはもはや把握されえない〈信仰〉と〈実存への訴えかけ〉の表現でもあるかぎり、実存の神学にとっては、言葉は二重の意義と役割を持つ。［一方で、］信仰や信仰の伝承、信仰の伝承の理解、信仰の自己実現と表現形式を科学的・概念的に照明する手段としては、言葉は、実存の神学にとっては、しるしであり、このしるしによって意識内容を一義的に表すことと論理的な操作が可能なのである。これらの概念的なしるしも、通例、伝承から取り出される。しかし、それらの意味と分類は、取り決めに従ってなされ、それゆえ変更されることもできない。概念的な言語は、悟性の産物と道具である。

他方で、言葉は、実存にとっては、別様である。実存についての思考にとっても、言葉は、まず第一には、概念的なしるしである。概念的な思考というこの手段がなければ、認識することや認識を伝達することは可能ではなく、実存を認識することや実存についての言明も可能ではない。しかしいまや、自らの超在への関係の現実化において自らを恩寵として経験するほかならぬ実存こそが、概念的に対象的には、もはや把握されえないのである。自己であることと自己を逃すことが何であるのかや、超在や恩寵が何であるのかは、それ自体としては、客観化されえない。にもかかわらず、そのことがなされるならば、――私たちがそれらについて語ろうとするならば、そのことはなされるのだが――、それらの客観化されたものは、もはや、理論的な思考における取り決めに従って任意《ベリービヒ》に使用されうるような単なる概念的なしるしではなく、私たちは、そのとき、それらにおいて実存にとっての象徴と関係する。悟性にとっては概念的なしるしである言葉は、実存にとっては、ありうる〈自己理解〉とありうる〈自己の現実化〉の象徴である。象徴も、一種の対象化であるが、しかしいまや、悟性にもとづいてや悟性にとってのではなく、実存にもとづいてや実存にとっての対象化である。象徴が実存から生まれ、実存の自己理解の表現であるように、象徴は、再び、実存の自己理解へと訴えかけ、実存によって様々に我が物にされながら解釈される。こうした理由から、象徴は、恣意的な《ベリービヒ》ものでも抽象的なものでもなく、歴史的に具体的なものである。象徴は、いわば、実存の有体性である。

それゆえなにより、象徴は、形而上学的な思弁よりはるかに、実存についての象徴言語として用いられるのにふさわしい。しかし根本的には、いかなる語り方も、実存の象徴という役割を引き受けることからは、排除されていない。

しかし、ある言葉が実存の有体的な象徴になるということが起こるところでは、その言葉は救済手段になっている。この意味で、聖書の言葉は、説教や牧会といった教会の宣教において使用される。正当な宣教において問題であるのは、聖書の救済史の神話的な事実報告を単純に繰り返すことや、聖書において物語られた生起がそれ自体で存在する事実であることを主張することではなく、しかし同様に、聖書から科学的な成果の意味での普遍妥当的な真理を導き出し究明することではない。救済手段としての言葉の宣教が、概念的・対象的な思考と語りを用いるのは、むしろ、このやり方で、実存理解の象徴としての神話的な伝承を、実存にとって語りかけるものにするためである。この企ての成功の神話的な表現は、聖霊の証しである。それゆえ、宣教は聖霊への祈願のもとでもなされる。聖霊は、実存にとっては、呪術的な形態でもなく合理的な形態でもなく、神話的な象徴の――具体的な歴史的状況における――現実化である。

しかしいまや、同じことは、別種の救済手段、つまりサクラメントにとっても、妥当する。実存にとっては、サクラメントには、根本的に、実存にとって言葉がすでに持っているのとは別の意義と役割が与えられうるわけではない。サクラメントも、実存にとっては、実存の自己理解の象徴にほかならない。サクラメントも、――それが、ほかの実存にとって、それの内実を解釈しなおしながら我が物にすることにおける類比的な自己の現実化のきっかけと可能性になるような形式においてだけ――、実存にとっては、実存の自己理解の象徴であることができる。言葉においてすでに、この形式が、単なる交換可能なしるしではなく、歴史的に具体的な形成物であるゆえに、特定の歴史的に形成された儀式も、言葉の代わりになりうる。［一方で、］これらのサクラメントの儀式は、実存によって象徴としてだけ理解されうるので、いかなる呪術的な誤用も、始めから排除されている。しかし他方で、言葉の宣教は、サクラメントとの結びつきによって、知性主義的な誤用という、普段はつねに差し迫る危険からも、守られる。言葉はそれだけでは、単なる概念的なしるしとして理解され使用されうるのに対して、そのような理解と使用は、言葉がサクラメントと結びついているならば、排除されている。というのは、サクラメントの儀式は、なるほど呪術的に誤解されうることはあるが、――単なる概念的な形態ではないので――、合理主義的に単なるしるしとして誤解されうることはないからである。

こうした理由から、実存の神学は、自らにはキリスト教の伝統のうちで、言葉のみならず、言葉と結びついてサクラメントも、救済手段として伝承されているという事実に、積極的な態度だけをとることができ、実存の神学は、サクラメントを上記の意味において用いるであろう。実存の神学は、プロテスタンティズムにおけるキリスト教の教義の展開を前提として持つゆえに、そのさい、洗礼と聖餐の使用に制約される。伝承的なキリスト論に関してと同様に、実存の神学は、自らがここで、自らにとって疎遠になった形式の復古的な再開や、自らの伝統のうちでなおも有効な形式の批判的な除去に、召命されていることを、知らない。実存の神学が自らの課題と見なすのは、ここでもむしろ、洗礼と聖餐というサクラメントを実存にとっての救済手段として解釈し使用することへの道を指し示し開いておくことである。

この意味において、実存の神学は幼児洗礼を、――実存にとって、創造や摂理、罪や救いという概念によって意図されている――かの現実の象徴として理解する。象徴が儀式に与る者たちにとって有効であるのは、彼らがサクラメントという外的な儀式《ハンドルング》を共同する実存[7]の自己の現実化という内的な行為《ハンドルング》へと変えることができる程度に応じてである。そのことは、サクラメントの遂行にさいしてと、その遂行をのちに引き合いに出すときに、なされうるが、しかし、そのことがなされるいかなる場合にも、神の救いの恩寵の内的な気づきであり、――それ自体としては神の救いの恩寵の働きである。

聖餐においては、恩寵としての実存のこの存在は、次のことによって象徴化される。それは、――イエスが最期に弟子たちとおこない、弟子たちに伝承に従ってこの形式において救いへと与えることを仲介した――かの晩餐を記念しながら、パンとぶどう酒を共食することによって、である。教会の宣教が、新約聖書において間近な終末によって方向づけられている史実的な宣教命令[8]によっては、根拠づけられえず、洗礼が、いわゆる洗礼命令[9]によっても、根拠づけられえないように、聖餐の実践は、イエスの史実的な制定としては、正当化されえない。原始キリスト教の終末論的な救済手段においてはまったく予定されなかった時代においては、救済手段は、自らの正統性を、それが本当に救済手段であるということによってだけ、明らかにする。そして、やはり、聖餐のサクラメントが実存にとって自らの目的を果たすのは、聖餐のサクラメントによって、イエスの受難と死や、イエスの会衆においてイエスの受難と死に結びつけられた意義が、――共同する実存が恩寵として経験されるように――、効力を有するようになるということによってである。

しかし、救済手段が、しかも言葉に劣らずサクラメントが、単なる教会的・文化的な使用と働きに制限されてはならないということに気づくということは、必要ではないかもしれないが、――時々に確認されうる誤解と、それに対応して歪曲される実践に目を向けると――、余計ではないであろう。宣教された言葉の意味が、単に救済の出来事が宣教されるということにおいては汲み尽くされず、この救済の出来事が、実存の自己理解において現実化されることを欲するように、サクラメントも、サクラメントの儀式それ自体の遂行においては実現されず、この儀式《ハンドルング》は、サクラメントに与る者の内的な振る舞い《ハンデルン》へと移し変えられ、そうして働き続けることを欲する。しかし、この内的に効力を有するようになることにおいても、救済手段はいまだ自らの目標を達成しない。この内面化は、その救いの働きの通過点にすぎない。というのは、内的なものからは、救済手段は、再びいまや、外的な存在の可視性や、個人の態度、共同の形成において、結果を生むからである。歴史においてそもそも実現が問題になりうるかぎり、人間の生と共同の生をこのように形成する力において初めて、救済手段は実現される。救済手段は、その本質上、象徴的な語りと儀式における神話的な有体性に甘んじず、それによって引き起こされた［実存の］自己理解にもとづいてや、それによって呼び起こされた実存の自己の現実化によって、人間の生と共同の生の意味を変えることを欲する。

キリスト教の救済手段を使用することと、生と歴史を形成しなおす力としてそれが効力を有するようになることとの、この領域は、キリスト教会――聖徒への交わりであると同時に聖徒らの交わりであるべき聖徒の交わり《コムニオ・サンクトルム》――という領域をなす。しかし、［教会という］この名称を要求する様々な歴史的な形成物とそれらの規範的な諸規定の多様性に直面して、私たちには、教会の本質と真理についての問いが立てられる。

第３節　共同するキリスト教的実存としての教会

史実的に見ると、何らかの仕方でキリスト教の救済手段が使用され、共同を形成する効力を有する、歴史のあらゆる現象は、キリスト教会と見なされなければならないであろう。キリスト教会は、キリスト教の救済手段が使用され、効力を有する領域である。そこで問題である救済手段がキリスト教的であることは、その救済手段が、――それぞれ史実的に見ると――、ナザレのイエスの出現と宣教、働きや、それから出てくるキリスト教の歴史と、積極的な関係にある、ということから生まれる。純粋に史実的に観察すると、人は、この連関において成立した社会学的な形態のいかなるものにも、キリスト教的と表すことを、――それらが自らそれを要求するかぎり――、否認することができないであろう。キリスト教的であることを否認することや、特別な形成物を唯一の教会にすることは、この枠内においては、可能ではない。なぜならば、それらの妥当性の主張の多様性と対立性、排他性や、自らの歴史を性格づけるそれらの形成物の相互の批判は、形成物のすべてを結びつける対立物の共通性のおかげで、薄れるからである。それらの形成物は、対立しつつも、――認めようとしようがしまいが――、実際には、それらの史実的な起源に向かい合っている。

原始キリスト教会《エクレシア》は、つまり、本質的に歴史において展開するような形態や、何らか恣意的な時点に現れうるような形態ではない。原始キリスト教会《エクレシア》は、イエスにとっては、彼との共同によって、来るべき［神の］国に与る選ばれた者たちの群れである。使徒パウロにとっては、原始キリスト教会《エクレシア》は、キリストの体として、――新たな世界の形姿が、過ぎ去りつつある古いアイオーンに覆われながら、すでに現実になった――、ほかならぬその領域である。原始キリスト教会《エクレシア》は、原始キリスト教的実存と同様に、終末論的な形態である。徹底的終末論的な観察から明らかになるのは、キリスト教会の歴史がそのまったき多様性と対立性においても、――教会の元々終末論的な構想を終末の遅延によって規定された歴史の経過へと引き入れ継続するという――必然的に様々なものになる試みの総体である、ということである。イエスによって終末論的な会衆が初めて集められたこととともにすでに存在するこの歴史的な必然性から、時代の転回が開始したことへの信仰にある原初の会衆は、此岸と彼岸を包含する救済機関としてのカトリック教会へと変わる。この非終末論化の過程のさらに別の段階は、自らが真の目に見えない教会の体現であることを知っている宗教改革の目に見える教会であり、それから最後には、新プロテスタンティズムの教会概念である文化的な形態が現れ出る。それにおいて、超自然的な救済の出来事は、世界内の文化の発展の過程へと変わる。

時間の経過のなかで現れた、キリスト教信仰の社会学的な現象の、あらゆるほかのものも、それへと整理されるところのこの視点から、実存の神学にとっては、いまや一方で、次の必然性が明らかになる。それは、教会概念を、教義化や史実化しながら錯覚的な救済史や仮説的な歴史に根拠づけるのではなく、共同する実存の自己理解に根拠づける必然性である。しかし同時に、次の可能性も明らかになる。それは、実存の自己理解にもとづくそのような教会の概念へのいかなる反論も退ける――しかも、史実的に追証されうる自己誤解として退ける――可能性である。そのさい、私たちがもちろん意識していなければならないのは、教会の問題は、科学的・史実的な水準ではその深みが把握も解消もされえず、教会の問題は、まさに実存理解の問いである、ということである。それゆえ、私たちは、史実的な問題状況のこの指摘に続いて、以下で、やはり、実存にもとづく教会概念の究明に取り組む。

実存の神学にとって教会が何でありうるのかは、実存の神学には、実存の本質から直接に明らかになる。超在へと関係する、恩寵としての自己存在において、実存は自らが、——過去における自らの起源に関しても、現在や将来における自らの存在に関しても——、決して一人ではないことを知っている。伝承のうちに立っている形態として、実存は自らが、おのれの歴史的な状況において受け継ぎ引き継ぐ遺産によって規定されていることを経験する。伝承を我が物にしつつ変えながら自己を現実化することが、実存の現在である。実存がそのように、時間の内で、それがあるところのものであることによって、実存は同時に将来を規定する。何を実存が理解するのか、どのように実存が理解されるのかは、どのように実存が自己を理解するのかに劣らず、実存に属している。実存が自らの真理を持つのは、一人ではなく、共同してだけである。実存が真理においてあるのは、共同してだけである。真理は、実存にとっては、既成の形態ではなく、共同する自己存在のそのつどの無制約的なものである。この無制約的なものから、空間と時間において、個人的な形成物や共同的な形成物として現れるものは、実存の真理それ自体ではなく、そのつどの歴史的な状況におけるそれの対象化である。これらの形成物は、実存にとっては無制約的であるが、やはり、絶対性を要求せず、合理的な照明に開かれたままであり、究極的には実存によってだけ理解されうる。これらの形成物もやはり、あらゆる組織化において、また、あらゆる組織化を越えて、実存と共同しようとする。なるほど、「ある」実存の「他の」実存へのそのような出会いにおいて露わになる相違と対立は、互いに取り組むことと互いに分離することのきっかけである。しかし、「ある」実存にとって疎遠なほかならぬそのものは、［他の］実存にとっては固有なもののつねに新たな創造のきっかけであるが、不安な自己主張や異質なものへの自信のある断罪のきっかけではない。理解しないことと理解されないことは、実存にとっては、つねに自らの真理の不完全性を思い起こさせるものであり、実存に、共同の達成への新たな道を求めさせる。

以上によってすでに述べられているのは、共同するキリスト教的実存とキリスト教的実存が、共同する実存と実存と、根本的に別の何かではありえない、ということである。キリスト教的実存は、それがキリスト教の伝承のうちに立っている実存であるということによって規定されており、共同するキリスト教的実存は、自己を、――キリスト教的に規定されているものとして――、他の実存と共同して現実化する実存である。キリスト教の伝承がその歴史の経過において、――私たちが非終末論化の過程の指摘によって、その史実的な形成法則として示したように――、かくも様々な相互に排除しあう形成物を受け入れたということに、キリスト教的な実存理解も、必然的にかくも様々な形式を採用しなければならなかったことや、これからも受け入れるであろうことの、原因がある。それゆえ、一般的に証明されうる唯一の真の教会については、まったく問題になりえない。自らの歴史的な状況を有するそれぞれ特別な伝承から現れ出る様々な教会のいずれも、自らの形式と形姿のために、それぞれそのような絶対的な妥当性を、正当には要求することができない。そのことは、史実的な諸現象の一般的な相対性への洞察や、キリスト教会にとって終末論的な［神の］国の期待が実現しなかったことと連関する特殊に史実的な問題系への洞察という、［否定的な］理由からのみならず、実存が自己を、それぞれ自らの歴史性においてだけ無制約的に、しかし普遍妥当的にではなく、現実化しうるという、肯定的な理由からでもある。ほかならぬ実存にもとづいて明らかになるのは、一つの真の教会は信仰されるほかないということである。

あらゆる単なる史実的な観察と必然的に結びついた相対主義の克服の可能性や、一つの歴史的な形態の絶対化によってまさに可能にされるような一つの共同の現実化の可能性は、やはり、実存のこの本質にある。いかなる実存とも同様に、何らかのキリスト教的伝統のうちに立っている実存も、過去と将来へと向きつつ、自らの現在の交換不能な状況に真剣に向き合うという仕方でだけ、共同を現実化することができる。この状況は、実存にとっては、まったく恣意的ではない。自らの過去と同様に、実存は自らの現在を選び出すことができない。実存が過去を自らの遺産として引き継ぐことができるように、現在は過去によって現実化されることができるだけである。歴史の過去の遺産の批判や放棄も、なおも、それの影響である。そのことは、実存が自らが近しく感じるもののみならず、実存の対極も、実存の自己の現実化に属しているのと同様である。しかし、そのことによって、将来もすでに、規定されている。というのは、将来は、今、実存にとって現在であるものなしには、生じないからである。しかしながら、実存にとっては、それらのすべては、理論的な思考にとってとは違って、強制的な経過ではない。無制約的に、実存は自己を、それらにおいて、それぞれ自ら選び現実化する。

かくして、歴史の経過において、やはり、キリスト教会は、共同する実存の現実化の歴史的な諸現象として現れる。しかし、共同する実存のいかなる現実化にとってとも同様に、キリスト教会にとっても、自己自身を唯一のキリスト教会の普遍妥当的に証明されうる現象として絶対化することは、自らの真理への背信である。それゆえ、共同するキリスト教的実存としての教会は、自らの無制約性を意識しながら、同時に、――自らの可能性ではない――唯一の教会でありうることに対して開かれたままである。さもなければ、相対主義に頽落する。それゆえ、真正の教会は、自らの父祖たちと自らの信仰告白を持ち、同様に、異端者たちと異端的信仰について語る。しかし、その歴史性においては、異端者たちと異端的信仰は、真正の教会の父祖たちと信仰告白がそうであるのに劣らず、真正の教会に属している。このように無制約性を意識しながら開かれたままであることにおいて、真正の教会の真の公同性[10]が明らかになる。この公同性は、教義的な絶対性とは根本的に別の何かであるが、しかし、すべてを相対化する普遍主義とも混同されてもならない。このことにもとづいてだけ、自己放棄へとは至らない寛容と、別様に信仰する者たちの抑圧を意味しない伝道は、可能である。しかし、この公同性は、キリスト教会が歴史における自らの無制約性について知っているということを明らかにするものとして、必要でもある。キリスト教会は、歴史において、時間の内での実存の真の共同として、自己を現実化する。

教会の歴史的な現象のそのような理解によって、実存の神学は、原始キリスト教の教団の形成と、歴史の経過のなかでそれから生まれた、教会によるカトリックの自然的・超自然的な救済機関の形成や、目に見えない教会の目に見える形姿についての宗教改革的な見解、新プロテスタンティズムによる世俗的な文化的形態への［神の］国の変換を、正当に評価することができ、それらを自己誤解から守ることができると考える。しかしいまやさらに、そのことには、実存の神学がこれらの構想のこれまでは積極的に顧慮していない別の要素をも考慮するということが、属している。それは、彼岸の表象や不死の思想、最後の審判の教説や永遠の完成、である。伝承的な教会概念がそれぞれ様々な仕方で結びつくこれらの神話系と思弁は、実存の神学において、どのような役割を果たすのか。

第4節　実存にとっての彼岸と救済史

原始キリスト教会《エクレシア》は、来るべき［神の］国の期待のなかで生き、自らがそれへと与ることに選ばれていると信じる。キリストの体として、原始キリスト教会《エクレシア》は、終末の出来事がすでに始まった領域である。キリストの復活において、新たなアイオーンはすでに開始した。キリストと結びついた信者たちに、死はもはや何の手出しもできない。彼らは、たとえ死ぬとしても、復活した者との自らの結びつきによって復活した者の間近な再臨にやはり居合わせ、生き残った者たちとともに新たな体を持って復活した者の支配に与るであろう。このメシアの支配の時代の終わりには、死は完全に克服されるであろう。かくしてそのときには、すべての死者の復活と最後の審判がなされうる。しかし、そのときには、神はすべてにおいてすべてとなるであろう（1テサ4：3以下、1コリ15、黙20以下）。

最後の事物についてのキリスト教の教説において、この終末の生起ははるかに遠のいた。はやくも第二ペトロ書簡において、元々の間近な期待は、主のもとでは千年は一日のようであるというように解釈される（2ペト3：8）。教会が、いまや、メシアによる支配に取って代った。そのことは、もちろん、――千年の［神の］国の開始についての問いである――千年至福説の問題へと至る。自らの救済手段によって、教会は、信者たちに、彼岸における不死を与える。此岸と彼岸を包含する形態として、教会は、新約聖書において予定されていなかった終末の前の長い期間を過ごし、超自然的な救済史の性格をその期間に与える。此岸においては、この救済史は、教会の維持と、彼岸へと準備させる――個々の信者の生への――教会の影響に、その本質がある。彼岸においては、カトリックの教義によれば、――いつか終わりの日にキリストが再臨し、最後の審判とともに最後の完成ももたらされるまで――、地獄と煉獄、天国における霊魂の歴史が続く。

宗教改革が、自らの恩寵概念によって、煉獄論を、救済史の構想の体系から取り除いたとき、そのことは、――原始キリスト教の終末論を彼岸と此岸や時間と永遠を包含する救済史の構想へと変換する――そうしたカトリックの変換にとっては、途方もない衝撃であった。そのことによって、救済史への突破口が開かれた。救済史には、すぐに、救済史の構想の形成物を完全に破壊した、まったく別の表象が流れ込んだ。この形成物に、新プロテスタンティズムにおいては、霊魂の自然的な不死と歴史の内在的な発展という理念が、取って代わった。歴史の内在的な発展においては、教会が果たさなければならなかったのは、究極的には、文化の一要素という役割だけである。なるほど、この近代的な〈文化への信仰〉においては、教会的な救済史の著しく静的になった性格に対して、再び、原始キリスト教の神の国の期待の動性の何ものかが、有効になった。しかし、文化の発展という、この近代的な〈将来への信仰〉は、やはり、新約聖書的な終末論とは、まったく別の何かである。その理念的な、霊魂の不死の信仰は、原始キリスト教の神話系とはまったく別の源泉から、維持される。

しかし、キリスト教の彼岸の表象と救済史表象の――以上によってほんのわずか粗描された――この歴史における連関性と内的な必然性は、やはり、見落とされえない。原始キリスト教の対象的に理解された終末論的な神話系と、実際の歴史の経過という、対象的・概念的に認識されうる現実の対立が明らかになったあとでは、この神話系の永続的な再形成が不可避である。しかし、繰り返しそのような再形成がなされたということや、（カタストロフによって最後の事物は描写されたが、その）カタストロフの経過における最後の事物の現実についてのメッセージが単純にはとぎれなかったということの、その理由は、次のことにおいて求められうる。それは、終末論のこれらの様々な形成物においては、決して単なる神話的・思弁的な構築物の対象性が問題ではなく、それらにおいては、ある実存の自己理解が言表され、その実存の自己理解が空間と時間の内での実存の自己理解や自己の現実化へと訴えかける、ということである。そのさい、もちろん、対象的な表現形式の変化とともに、それにおいてそのつど言表される実存の自己理解も変化した。原始キリスト教の終末論と、カトリックの終末論、古プロテスタンティズムと新プロテスタンティズムの終末論において、私たちは、それぞれことなる神話系と関係するのみならず、そのつどことなる実存の自己理解とも関係する。

それゆえ、実存の神学としてまさにこの実存の自己理解から出発するような神学の意味であるのは、様々な終末論的な構想の批判や弁護においてその対象性が汲み尽くされることではない。そのような神学の課題は、むしろ、次のことについての省察と決断へと導くことである。それは、私たちが自らが、私たちの実存理解において、これらの私たちの終末論的な遺産によって訴えかけられていることを知りうるかどうかや、知りうるのはどのようにしてか、その遺産が、私たちの実存理解にとっては、適切な表現として用いられうるかや、用いられうるのはどのようにか、である。この意味において、ここでは、最後の事物についての伝承的な教説における個人的な終末論と普遍的な終末論の区別に応じて、以下の諸点を指摘したい。

人間の生は、あらゆる生と同様に、有限で無常である。私たちは、永遠で不死な生を知らない。あらゆる生は、死へと向かって行く。この過程が取り消され、個人の生命《ダーザイン》がもう一度生かされ、死者が新たな生へと蘇らせられうるという経験を持たない。しかしやはり、霊魂の不死、彼岸における生、永遠の生への復活といった、そのような表象は存在する。［一方で、］キリスト教は、これらの思想を、部分的には、ほかの宗教や思弁的な哲学と共有している。[他方で、]これらの思想は、部分的には、キリスト教にだけ固有であり、キリスト教の救済史の表象と――つまりイエスの復活とその再臨への信仰と――結びついている。

科学的には、あらゆるそのような言明は、立証不能で維持不能である。それらは、科学的に追証可能なものの限界を踏み越え、神話系と思弁の領域に属している。しかし、ほかならぬそれゆえ、それらは実存にとって意義がある。霊魂の不死、彼岸の表象、復活の信仰は、実存の自己理解の思弁的・神話的な表現形式である。実存がそれらにおいて表現するのは、実存が、自らの時間の内の存在に目を向けると、空間と時間のカテゴリーにおいて把握されうるものとは、さらに別の何かであるということである。対象的なものとして観察すると、実存の意識は、もちろん、解消されえない仕方で、死ぬべき体をまとった生命《レーベン》と結びついている。対象的なものとして受け取られると、不死や彼岸、復活についてのあらゆるかの言明は、生への意志の空想や産物、死への不安の所産、霊魂の理想像、精神の超次元化、迷信である。しかし、批判的な思考の明るさのなかで、あらゆるこれらのありうる不適切さを意識している実存にとっては、やはり、これらの思弁的・神話的な言明は、実存の信仰の表現として効力を持ち続ける。実存にとっては、信仰は、――もちろん対象的には追証されえないが――、生命力や観念論の錯覚的な産物とは別の何か、つまり、自らの有限性を引き受けることにおいて、自らの超在への関係に恩寵として内的に気づくことである。実存は、この信仰を、死後の生についての

――かの対象的なものとして受け取られると誤解されうる――教説から聴き取ることができ、同様に、自らの信仰を、これらの形式において言表することも敢行する。それらの真理性と使用の可能性の基準は、実存にとっては、次のことにおいてだけある。それは、それらが、実存にとっては、実存が置かれている伝承のうちで、実存の自己理解の表現として用いられうるか［どうか］、である。

そのことには、実存の神学の枠内において彼岸における生について個別的に言明されうるものも、依存している。［なるほど、］彼岸の生についてキリスト教の伝統のうちでも使用される様々な像が、――煉獄や霊魂の眠りの表象から、審判や再会、至福の表象までの、あらゆる部分において――、自らの世俗的な由来を明らかにするので、それらの象徴的な使用とは別の使用は、それなしには真正の信仰が存在しない批判的な思考にとっては、初めから排除されている。しかし、数千年来の実存理解の表出を形作る彼岸の像の世界《ビルダーヴェルト》のこれらの全体は、この前提のもとで、こんにちも、実存によって、――罪責や救い、照明や無制約性、忠実や真理として、時間の内に立ちながら実存が経験するものの具体的な表現として――、理解され使用される。［なるほど、］概念的な思考によるあらゆるこれらの表象は、それらの神話的な対象性が、現実の言明としては、括弧に入れられなければならない。しかし、実存の信仰は、この括弧に、正の符号をもたせる。実存の信仰にとっては、ここ、つまり、実存の信仰に対応する神話的な表現形式においては、リアリティあるものが問題である。

最後の事物についての伝承的な教説においては普遍的な終末論が個人的な終末論の完成をもたら

すように、彼岸の表象の理解には、実存の自己理解の表現として、必然的に、彼岸の表象の全体にわたって、実存の自己理解に対応する救済史の解釈も属している。救済史的な観点なしでは、実存の信仰も、まったく容易に、至福への私的な関心に頽落する。なるほど、他者と結びついていることは、彼岸の表象においてもすでに表現される。しかし、全世界にキリストが啓示されることや、世界の諸力をキリストが克服すること、全ての死者の復活、最後の審判、新たな天と新たな地が初めて、――教会において、共同するキリスト教的実存として、現実化されるべきであるような――共同する実存の存立の象徴を形作る。普遍的な終末論は、歴史において現れ効力を持つようになった形態としての教会の本質の神話的な表現である。共同するキリスト教的実存は、個人的な領域を越え出て、世界史的な意義を有している。実存のこの超個人的な性格は、普遍的な救済史の神話系において表現される。

神話系として理解されると、終末の生起の描写は、――あるとき一回的に時間の経過のなかで、それどころか、おそらく遠くの将来に初めて、生起するような――終末の生起については、語らない。終末の生起の描写は、私たちが共同するキリスト教的実存として表した、かの現実の現実化の意義と射程の、像による象徴的な表現にほかならない。世界を包含する出来事の事件の全体においては、普遍的な終末論は、イエスの原始教団《ウーアゲマインデ》が語った約束の一挿話である。「二人または三人がわたしの名によって集まるところには、わたしもそのなかにいるのである」（マタ18：20）。共同する実存が自己を理解し現実化するところでは、かの神話的な生起において意図されているものが生起する。神話的な生起が、共同する実存の自己理解から、生じるように、神話的な生起の描写も、再び、共同する実存へと呼びかける。言葉とサクラメントという救済手段の使用において、共同する実存にとっては、再臨において期待されるような救済が現前的であり、メシアによる支配の時代によって描写されるような世界の諸力への勝利を収める闘いが始まる。救済がすべての死者の復活の表象において象徴化されているように、ここでは、実存は自らがおのれの超在を前にして限界を知らない責任を有することを知っている。ここでは、私たちに、私たちの行いについての審判が下される。ここでは、究極の喪失と、恩寵として受け取られるほかない永遠の至福が、問題である。ここでは、信者たちにとって、彼らの世界の変化が生じるが、それは、キリストを通じて神がすべてにおいてすべてであるような、新たな創造である。時間の内のキリスト教的実存は、事実、終末論的実存である。

対象的には、世界と時間と歴史は、この終末論にとっては、放棄されていない。逆に、実存にとっては、この神話系の全体は、時間の内での実存の規定の表現にほかならない。終末論をその普遍的な側面へも現実化することは、ここではもちろん、終末論をいわゆる救済史の対象的な図式として使用することと、非常に大きく対立している。実存の救済史は、――人類が、「キリストの」昇天から再臨までの間、こんにちいる――史実的な時点を確定する可能性を与えない。

そしてやはり、実存にもとづく救済史の理解には、歴史や、歴史の意味、歴史における私たちの存在の意味の理解にとっての意義もある。ただし、救済史の神話から歴史の全体の意味が構成されうるとか、この全体の意味の構成から、ついで、歴史における私たちの存在の意味が規定されうるとかいうわけではない。そのような企てがなされるならば、それは、――キリスト教の終末論の歴史的な問題系に目を向けても、私たちにそのような全体的観点を許さない科学的な認識の限界に関しても――、誤っているであろう。歴史の全体が意味や目標を持つということは、むしろ、神話系や思弁である。これらにおいては、実存の信仰だけが、自らの自己理解を象徴的に表現することができる。しかし、そのように理解されると、この象徴系は、理論的な観点での使用を許さず、この象徴系によって自己を理解する実存の、そのつど自らの歴史的な状況のなかでの現実化においてだけ、自らの真理を持つ。実存は、共同しつつ自己を現実化するさいに与えられるのとは別の歴史の意味を知らない。それから実存が生まれ、それを実存が自己の現実化によって続ける、この共同と伝承を越えては、実存はいかなる経験も持たない。しかし、実存に、共同しつつ自己を現実化するという恩寵が与えられる程度に応じて、実存は自らが、歴史のなかで救済史へと置かれているのを見る。なるほど相互的に連関するが、しかし体系的に先取りされえない、――神の無限の創造可能性の現象としての――、これらの救済の様々な現実化について、実存の神学は信仰告白する。「わたしたちは皆、この方の満ちあふれる豊かさのなかから、恩寵のうえに、さらに恩寵を受けた」（ヨハネ1：16）。この真の救済史だけで、実存の神学にとっては十分である。

（訳注）

（１）Gemeinschaft am Heiligen、聖徒への交わり。

（２）Gemeinschaft der Heiligen、聖徒らの交わり。

（３）洗礼、堅信、ゆるし、聖餐、叙階、婚姻、癒し。

（４）「キリストによって制定された使用のほかに《エクストラ・ウースム》は、何ものもサクラメントの本性を持たない」（「和協信条・根本宣言」７：85）。

（５）Botschaft、使信。

（６）「教会はキリストの体であり、すべてにおいてすべてを満たしている方の満ちておられる場です」（エフェ１：23）。

（７）Existenz in Gemeinschaft、交わる実存。

（８）「イエスは、近寄って来て言われた。「わたしは天と地の一切の権能を授かっている。だから、あなたがたは行って、すべての民をわたしの弟子にしなさい」」（マタ28：18以下）。

（９）「彼らに父と子と聖霊の名によって洗礼を授け、あなたがたに命じておいたことをすべて守るように教えなさい」（マタ28：19）。

（10）Katholizität.「私は聖霊を信じます。きよい公同の（katholische）教会、聖徒の交わり、罪のゆるし、からだのよみがえり、永遠のいのちを信じます」（使徒信条）。

ブーリ略年譜

1907年：11月4日、スイス、ベルン州、ケルネンリートにて生まれる。
1921年：ベルン州、ブルクドルフ、ギムナジウムにて学ぶ。
1926年：バーゼル大学、ベルン大学、マールブルク大学、ベルリン大学にて学ぶ。
1931年：ベルン州、ヴァルパースヴィルにて牧師。
1934年：ベルン州、トイフェレンにて牧師。ベルン大学にて博士学位取得・教授資格取得（『近代のプロテスタント神学にとっての新約聖書的終末論の意義(*Die Bedeutung der neutestamentlichen Eschatologie für die neuere protestantische Theologie*)』）。
1939年：バーゼル大学講師。『アレクサンドリアのクレメンスとパウロ的自由概念（*Clemens Alexandrinus und der paulinische Freiheitsbegriff*)』。
1941年：『アルバート・シュヴァイツァーにおけるキリスト教と文化（*Christentum und Kultur bei Albert Schweitzer*)』。
1944年：『ゴットフリート・ケラーの信仰（*Gottfried Kellers Glaube*)』。
1945年：『プロメテウスとキリスト：カール・シュピッテラーの宗教的世界観の偉大さと限界（*Prometheus und Christus. Grösse und Grenzen von Carl Spittelers religiöser Weltanschauung*)』。

１９４７年：『十字架と円環：若きルターの十字架の神学とニーチェの『ツァラトゥストラ』における永遠回帰の教説（*Kreuz und Ring. Die Kreuzestheologie des jungen Luther und die Lehre von der ewigen Wiederkunft in Nietzsches »Zarathustra«*）』。

１９４８年：バーゼル、聖アルバン教会牧師。

１９５０年：『アルバート・シュヴァイツァーとカール・ヤスパース（*Albert Schweitzer und Karl Jaspers*）』。

１９５２年：バーゼル大学員外教授。就任講義（「神学と哲学（„Theologie und Philosophie"）」）。「神学の非神話化か非ケリュグマ化か（„Entmythologisierung oder Entkerygmatisierung der Theologie"）」。

１９５４年：『実存の神学（*Theologie der Existenz*）』。

１９５６年：『キリスト教信仰の自己理解としての教義学（*Dogmaik als Selbstverständnis des christlichen Glaubens*）』第１巻。１９６２年、第２巻。１９７８年、第３巻。

１９５７年：バーゼル大聖堂牧師（－１９６８年）。『キリスト教信仰入門（*Unterricht im Christlichen Glauben*）』。

１９５８年：『信仰の道程（*Weg des Glaubens*）』。

１９６６年：ドルー大学客員教授（－１９６７年）。『思考する信仰：哲学的神学への途上の歩み（*Denkender Glaube. Schritte auf dem Weg zu einer philosophischen Theologie*）』。

１９６８年：バーゼル大学教授。

１９６９年：『パントクラトール（*Der Pantokrator*）』。国際基督教大学客員教授（－１９７０年）。

1970年：『アメリカの神（*Gott in Amerika*）』第1巻。1972年、第2巻。

1971年：『責任の神学（*Zur Theologie der Verantwortung*）』（論文集）。

1973年：『対話における教義学（*Dogmatik im Dialog*）』第1巻（J・M・ロッホマン、H・オットとの共著）。1974年、第2巻。1976年、第3巻。

1978年：最終講義（「神学的倫理学と倫理学的神学（„Theologische Ethik und ethische Theologie"）」）。京都滞在（国際交流基金、－1979年）。

1982年：『真の自己の主としてのブッダ－キリスト：京都学派の宗教哲学とキリスト教（*Der Buddha-Christus als der Herr des wahren Selbst. Die Religionsphilosophie der Kyoto-Schule und das Christentum*）』。

1983年：日本滞在。

1995年：1月30日、バーゼルにて亡くなる。

2000年：『実存哲学とキリスト教：シュヴァイツァー＝ブーリ往復書簡1935－1964年（*Existenzphilosophie und Christentum. Albert Schweitzer und Fritz Buri. Briefe 1935-1964*）』。

＊以下を参照した。Fritz Buri: *Verantworutung übernehmen. Ein Lesebuch.* Günther Hauff (Hg.), Bern (Paul Haupt) / Tübingen (Katzmann) 1987; Peter Schulz / Andreas Urs Sommer: *Fritz Buri: Sein Weg. Leben-Denken-Glauben.* Fribourg (Akademic Press) / Göttingen (V&R unipress) 2007.

ブーリ二次文献（単行本）

Abbt, Imelda: *Tradition-Christus-Existenz. Das Christus-Verständnis Fritz Buris.* Hamburg-Bergstedt (Reich) 1977.

Konrad, Franz: *Das Offenbarungsverständnis in der evangelischen Theologie.* München (Max Huber) 1971.

Hardwick, Charley D.: *Faith and Objectivity. Fritz Buri and the hermeneutical foundations of a radical theology.* The Hague (Martinus Nijhoff) 1972.

Hummel, Gert: *Die Begegnungen zwischen Philosophie und evangelischer Theologie im 20. Jahrhundert.* Darmstadt (Wissenschaftliche Buchgesellschaft) 1989.

Leimgruber, Stephan / Schoch, Max (Hgg.): *Gegen die Gottvergessenheit. Schweizer Theologen im 19. und 20. Jahrhundert.* Freiburg (Herder) 1990.

岡田聡『ヤスパースとキリスト教：20世紀ドイツ語圏のプロテスタント思想史において』新教出版社、２０１９年。

Schuller, Florian: *Die Gnade der Verantwortung. Wert und Problematik der Theologie Fritz Buris.* Diss., Rom, 1983.（訳者未見）

Schulz, Peter / Sommer, Andreas Urs: *Fritz Buri: Sein Weg. Leben-Denken-Glauben.* Fribourg (Akademic Press) / Göttingen (V&R unipress) 2007.

訳者あとがき

本書は、以下の全訳である。Fritz Buri: *Theologie der Existenz.* Bern (Paul Haupt) 1954. なお、次の英訳を参照した。Fritz Buri: *Theology of Existence.* Harold H. Oliver / Gerhard Onder (tr.), Greenwood (Attic) 1965.

フリッツ・ブーリは、スイスの改革派の神学者である。詳しくは略年譜にゆずるが、彼の経歴を見てみよう。1907年、ベルンに生まれる。バーゼル大学、ベルン大学、マールブルク大学、ベルリン大学に学ぶ。1934年、ベルン大学で博士学位と教授資格を取得。1931年から、いくつかの教会で牧会したのち、1957年には、バーゼル大聖堂牧師。1968年から1978年まで、バーゼル大学教授。主著としては、本書（1954年）のほかに、3巻からなる『キリスト教信仰の自己理解としての教義学』（1956－1978年）がある。1966－1967年、ドルー大学客員教授、1969年－1970年、国際基督教大学客員教授。米国滞在中の成果は、『アメリカの神』（1970・1972年）として、日本滞在中の成果は、『真の自己の主としてのブッダ－キリスト：京都学派の宗教哲学とキリスト教』（1982年）として、まとめられた。1995年、バーゼルに亡くなる。

ブーリは、「終末論」についてはアルバート・シュヴァイツァーから、「教義史」についてはマルティン・ヴェルナーから、そして、自身の「哲学的神学」の形成においては、戦後バーゼルに移籍してきたカール・ヤスパースから、影響を受けた。特に、ブーリの戦後の神学は、ヤスパースとの出会いなしには、語ることができない。それは、「実存」や「[自己が]自己に贈り与えられること」、「理性」といった、本書の術語系《ターミノロギー》からも明らかであろう。邦訳には、以下のものがある（原著の刊行順）。

フリッツ・ブーリ「神学と哲学」岡田聡訳、『哲学世界』第42号所収、早稲田大学大学院文学研究科人文科学専攻哲学コース、２０１９年、15―37頁。（原著：Fritz Buri: „Theologie und Philosophie“ In: *Theologische Zeitschrift.* Jg. 8. Basel (Friedrich Reinhardt) 1952, S. 116-134.)

フリッツ・ブーリ「神学の非神話化か非ケリュグマ化か」岡田聡訳、『哲学世界』第43号所収、早稲田大学大学院文学研究科人文科学専攻哲学コース、２０２０年（予定）。（原著：Fritz Buri: „Entmythologisierung oder Entkerygmatisierung der Theologie“ In: *Kerygma und Mythos.* Bd. 2, Hans-Werner Bartsch (Hg.), Hamburg (Reich & Heidrich) 1952, S. 85-101.)

フリッツ・ブーリ「アルベルト・シュワイツァーの徹底的終末論の観点によるイエス理解の実存的性格」笠井恵二訳、『シュワイツァー研究』第10号所収、日本シュワイツァー友の会、１９８１

年、14－34頁。（原著：Fritz Buri: „Der existentielle Charakter des konsequent-eschatologischen Jesus-Verständnisses Albert Schweitzers" In: *Ehrfurcht vor dem Leben. Albert Schweitzer. Eine Freundesgabe zu seinem 80. Geburtstag*. Fritz Buri (Hg.), Bern (Paul Haupt) 1954, S. 44-58.)

フリッツ・ブリ《（ママ）》「カール・ヤスパース：教会の師父」吉澤傳三郎訳、『実存主義』第48号所収、理想社、1969年、36－43頁。（原著：Fritz Buri: „Karl Jaspers – ein Lehrer der Kirche" In: *Neue Züricher Zeitung*. Nr. 702, 30. November 1969, S. 51-52.)

フリッツ・ブーリ「シュワイツァーの説教における神学」森田雄三郎訳、『シュワイツァー研究』第5号所収、日本シュワイツァー友の会、1976年、8－34頁。（原著：Fritz Buri: „Albert Schweitzers Theologie in seinen Predigten" In: *Theologia practica*. Jg. 10, 1975, S. 224-236.)

フリッツ・ブーリ「アルベルト・シュヴァイツァーのキリスト教理解：未公刊の説教に拠って」森田雄三郎訳、『シュワイツァー研究』第8号所収、日本シュワイツァー友の会、1979年、1－9頁。（1979年1月14日、南大阪教会での説教。）

*

訳者は、哲学の、そしてヤスパースの研究者である。特にヤスパースとキリスト教の関わりについての研究をおこなっており、昨年2019年に、『ヤスパースとキリスト教：20世紀ドイツ語圏のプロテスタント思想史において』（新教出版社）を上梓した。そこでは、ブルトマンやティリッヒ、カールとハインリヒのバルト兄弟とならんで、ブーリについても論じた。ブーリは、日本では知られていない神学者である。しかし、ブーリに取り組むなかで、哲学とキリスト教や神学の関わりについて考えるうえでは、欠かすことのできない神学者であるという思いを強くした。

本書を手にした方の関心は、著者のフリッツ・ブーリにではなく、書名の「実存の神学（Theologie der Existenz）」にあるのではないかと思う。実存の「哲学」ではなく、実存の「神学」。では、実存の神学とは何か。ブーリが影響を受けたヤスパースの哲学は、実存の哲学として知られる（ヤスパースは「実存哲学（Existenzphilosophie）」と呼ぶ）。そのヤスパースによれば、「実存は、哲学することの目標ではなく、哲学することの根源である」（Karl Jaspers: *Existenzerhellung.* (*Philosophie.* Bd. II.) Berlin u.a. (Springer) 1932, S. 5）。つまり、実存の哲学とは、実存についての哲学ではなく、実存にもとづく哲学である。とすると、ブーリの実存の神学も、実存にもとづく神学――実存という場から営まれる神学――であると言えよう。事実、ブーリは以下のように述べている。「実存の概念に含まれる形式的・内容的な観点を、伝承的な神学の概念系の究明のために、その概念系の真理的・現実的な内実へと……使用する」（本書16頁以下）。同じくバーゼル大学にいたカール・バルトのいわゆる「キリスト論的集中」に対して、ブーリの立場は「実存論的集中」と名づけることもできるであろう。「実存の神学にとっても、神論が可能であるのは、……実存にとっての啓示にもとづいてだけである。……キリストにおける神の啓示に、ここではなにより、実存にとっての神の啓示が、取って代わる」（本書46頁）。「実存は、キリスト論に依存せずとも、恩寵として理解されうる」（本書70頁）。ブーリは同じように、様々なキリスト教的概念を、実存という場から捉えなおしていく。すなわち、ブーリは、キリストなしでのキリスト教信仰の可能性を問題にしているのである。いわば、誰にでも可能なものとしてのキリスト教信仰の可能性。ヤスパースはブーリについて書いている。「ブーリは、今日でも誰にでも通用する神学を考える」（Karl Jaspers / Rudolf Bultmann: *Die Frage der Entmythologisierung*. München (Piper) 1954, S. 47)。つまり、「私たちの実存の神学と、同一の実存という概念にもとづくような哲学に、原理的な相違はない」（本書37頁）。しかし、両者に実際的な相違はある。「実存の哲学が、……一般的な精神史において、遂行しようとするものを、実存の神学は教会における自らの課題と見なしたい」（本書41頁）。「自らの特殊な神学的伝承の土台にこのように自覚的に立脚することに関して、実存の神学は、やはり、自らが実存の神学であって実存の哲学ではないという主張を掲げる」（同上）。哲学とキリスト教や神学の、いわば遠さのなかの近さ。あるいは、近さのなかの遠さ。そこに——キリスト者ではない——訳者は、両者の関りについて考えるうえでの手がかりを見いだしたい。

翻訳とは、単なる言語の置き換えではなく、解釈や理解である。単著の既存の日本語訳がないということは、日本語では、一定の解釈や理解の枠組みがない、ということである。そのことに鑑み、来るべきブーリ研究にそなえて、本書の翻訳をおこなった次第である。本書によって、ブーリを世に知らしめ、研究を促進させることができれば、訳者としてそれ以上の喜びはない。

なお、訳文の最終的な検討にさいして、学友・大谷崇君の助力を得ることができた。ここにあらためて感謝を申し上げる次第である。もちろん、訳文に誤りがあれば、それは訳者の責任である。

＊

最後になりましたが、著者のブーリ研究を励まし、貴重な文献をお譲りくださった、京都産業大学名誉教授・笠井惠二博士に、深謝申し上げます。笠井先生は、ほかならぬブーリのもとで博士号を取得されました（Keiji Kasai: *Die Bedeutung des Christentums in der heutigen Welt bei Albert Schweitzer und Paul Tillich.* Bern (Paul Haupt) 1980）。日本語訳をお勧めくださったのも、笠井惠二先生です。本書を笠井先生に捧げたいと思います。

２０２０年3月

訳者　岡田聡

著訳者紹介

フリッツ・ブーリ（Fritz Buri）

1907 − 1995 年。スイスの改革派の神学者。いくつかの教会で牧会したのち（1931 − 1968 年）、バーゼル大学教授（1968 − 1978 年）。シュヴァイツァー、ヴェルナーに学ぶ。戦後バーゼルに移籍してきたヤスパースに影響を受けて、自身の「哲学的神学」を形成。国際基督教大学客員教授を務めるなど、日本との関わりも深い。

著書：『実存の神学』（1954 年、本書）、『キリスト教信仰の自己理解としての教義学』（全 3 巻、1956 − 1978 年、未訳）、『思考する信仰：哲学的神学への途上の歩み』（1966 年、未訳）、『真の自己の主としてのブッダ−キリスト：京都学派の宗教哲学とキリスト教』（1982 年、未訳）ほか。

論文：「神学と哲学」（1952 年）、「神学の非神話化か非ケリュグマ化か」（1952 年）ほか。

岡田 聡（おかだ・さとし）

1981 年生。早稲田大学大学院文学研究科人文科学専攻哲学コース博士後期課程修了。博士（文学）。早稲田大学助手、トリーア大学留学、日本学術振興会特別研究員 PD などを経て、現在、立教大学兼任講師、国士舘大学、玉川大学、大東文化大学、青山学院大学非常勤講師。

著書：『ヤスパースとキリスト教：20 世紀ドイツ語圏のプロテスタント思想史において』（新教出版社、2019 年）、『交域する哲学』（共編、月曜社、2018 年）。

論文：„Philosophie und / oder Theologie der Existenz. Karl Jaspers und Fritz Buri: Stationen einer Begegnung“ In: *Jahrbuch der Österreichischen Karl-Jaspers-Gesellschaft.* 29, Wien (Studien) 2016, S. 161-179 ほか。

翻訳：ヴェルナー・シュスラー編『神についていかに語りうるか』（共訳、日本キリスト教団出版局、2018 年）、ヴェルナー・シュスラー『ヤスパース入門』（月曜社、2015 年）ほか。

実存の神学

2020 年 4 月 20 日 初版発行

著　者 ── フリッツ・ブーリ
訳　者 ── 岡田　聡
発行者 ── 安田正人
発行所 ── 株式会社ヨベル　YOBEL, Inc.
〒 113-0033 東京都文京区本郷 4-1-1　菊花ビル 5F
TEL03-3818-4851　FAX03-3818-4858
e-mail : info@yobel. co. jp
装丁 ── ロゴスデザイン・長尾 優
印刷 ── 中央精版印刷株式会社
Speziellen Dank an Y. und A.

配給元─日本キリスト教書販売株式会社（日キ販）
〒 162 - 0814　東京都新宿区新小川町 9 -1
振替 00130-3-60976　Tel 03-3260-5670

ISBN978-4-909871-14-5 C0016

ヨベルの既刊書（税別）

デニス・アレクサンダー著　小山清孝訳　創造か進化か　我々は選択せねばならないのか

進化論は聖書と衝突するか⁉　科学と信仰の親密な関係を構築・再考する最良の手引き書。キリスト教信仰と相容れないとされてきた〈進化〉が、生物多様化のメカニズムを解読できる優れた理論であり、神の創造の業と平和的に共存できることを、ゲノム学や遺伝学など分子生物学の最先端の知識を駆使して明快に説き、欧米のキリスト教世界に新風を吹き込んだ好著、待望の邦訳！

A5判上製・五〇四頁・二八〇〇円　ISBN978-4-909871-12-1

東京教区城南グループ協力司祭　**長谷川正昭**　笑いと癒しの神学

〈機械仕掛けの神〉、〈作業仮説としての神〉その後に来るのはいかなる神か？〈宗教の時代〉は全く過ぎ去った。世界はいったい何処に向かうのか——。この難題を前に、多神教的風土の日本にあって「笑いをキーワード」に、現代にキリスト教を問い、その活路を幅広く探求した意欲作！

四六判上製・四四八頁・二八〇〇円　ISBN978-4-907486-84-6

スタンリー・ハワーワス　東方敬信訳　世界の注目を集めた「ギフォード講義」

宇宙の筋目に沿って　教会の証しと自然神学

礼拝とは神の王国を先取りする行為なのだ。自然神学に関する研究の舞台として名高いセント・アンドリュース大学「ギフォード講義」。そこに、礼拝を中心におく神学的倫理学の確立を強く説き、証しする共同体としての教会の今日的意義を熱く展開させた碩学、スタンリー・ハワーワスによる講義！　待望の邦訳！

A5判変型・四一六頁・二八〇〇円　ISBN978-4-909871-13-8

大阪府立大学名誉教授
佐藤全弘　**わが心の愛するもの**――藤井 武記念講演集Ⅰ

まったきを求め、自然を愛し、寂しさにむせび泣く。熱き血潮に横溢する、藤井武を現代に！　無教会の内村鑑三の高弟にして、激動の時代を預言者の如く駆け抜けた藤井武。42年の生涯に限りない愛惜と敬慕を込め、その実像を今に伝える働きをライフワークとしてきた著者・佐藤全弘の講演集第Ⅰ巻！

四六判・三七二頁・二五〇〇円　ISBN978-4-907486-98-3

大阪府立大学名誉教授
佐藤全弘　**聖名《みな》のゆえに軛《くびき》負う私**――藤井 武記念講演集Ⅱ

神から大いなる実験を課せられた人。慟哭と歓喜が身体を交差する人間宇宙！　藤井武の凝縮されたキリスト教思想を「武士道」「永世観」「摂理論」「歴史観」などをキーワードに読み解いた藤井 武講演集第Ⅱ巻！　新発見された書簡から浮かび上がる義弟 矢内原忠雄との関係など、興味尽きない内容も収録。

四六判・四四四頁・二五〇〇円　ISBN978-4-907486-98-3

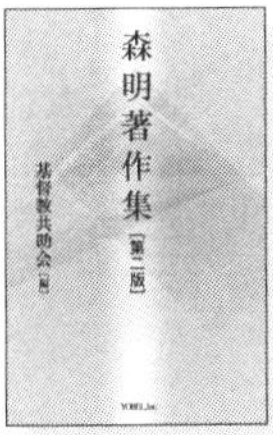

安積力也／川田 殖責任編集　**森明著作集**［第二版］

発行所：基督教共助会出版部

森 明が病身の身で興し、100周年を迎えた基督教共助会。創始者 森 明の遺稿からひろく収録し、『著作集』としてまとめられた。36年の生涯をただ基督にささげ、永遠への篤き思いを胸に限りある馳場を駆け抜けた森 明。その浩瀚《こうかん》な思想の全貌を説教、講演、論文から創作戯曲にいたる遺稿からひろく収録した［第一版］を改訂・修正し、新たな資料も加えて後世に遺す決定版として編集。

四六判・五三二頁・一五〇〇円　ISBN978-4-909871-05-3

ヨベルの既刊書（税別）

宮村武夫著作 全8巻

宮村武夫著作③ 真実の神、公同礼拝 コリント人への手紙第一「注解」

編集委員長：永田竹司　賛同人会長：廣瀬 薫
巻頭言：市川康則先生（日本キリスト改革派千城台教会牧師）
エッセイ：佐藤全弘先生（大阪市立大学名誉教授、キリスト教愛真高等学校第三代理事長）
＊全巻完結！　四六判上製・三四〇頁・一八〇〇円　ISBN973-4-946565-52-6

日本同盟基督教団苫小牧福音教会牧師

水草修治 失われた歴史から 創造からバベルまで ヨベル新書053

創世記の原初史を読めば現代がわかる。神にかたどって創造され、エデンから追放され、ノアの洪水を経て、バベルの塔の崩壊へと至り、アブラハム契約へと至る人類の始祖たちの流浪。創世記1～11章に記された物語の中に、神の計画の全体像を読み解く手がかりを……

新書判・二二四頁・一一〇〇円　ISBN978-4-907486-91-4

医学博士・平安女学院大学名誉教授

工藤信夫 トゥルニエを読む！ キリスト教的人間理解の新たな視点を求めて

「もっと冒険せよ！」とあなたの神は叫んでいる。

神は最高度に冒険精神を持ったお方。人生とはその神の冒険に人が共に参与することに他ならない。大いなる反抗、大いなる失敗、大いなる回り道こそ「冒険の道」。ビクビク、オドオド、ヘトヘトなクリスチャンライフからの解放宣言を、今再びトゥルニエに学びたい。

四六判・二三四頁・一五〇〇円　ISBN978-4-907486-87-7